수지신협 거목이 되기까지

영선골 뻐꾸기

영선골 뻐꾸기

초판 1쇄 인쇄 | 2022년 9월 26일
초판 1쇄 발행 | 2022년 9월 30일

지 은 이 | 김학규
펴 낸 이 | 박세희

펴 낸 곳　| (주) 도서출판 등대지기
등록번호 | 제2013-000075호
등록일자 | 2013년 11월 27일

주　소 | (153-768) 서울시 가산디지털2로 98.
　　　　 2동 1110호(가산동 롯데IT캐슬)
대표전화 | (02)853-2010
팩　스 | (02)857-9036
이 메 일 | sehee0505@hanmail.net

편집 디자인 | 박세원

ISBN 979-11-6066-084-5
ⓒ 김학규 2022. Printed in Seoul. Korea
　값 15,000원

• 잘못된 책은 바꾸어 드립니다.

수지신협 거목이 되기까지

영선골 뻐꾸기

김학규 지음

프롤로그

수지 지역사회에 신협의 꽃을 피우다

금년이 수지 신용협동조합 창립 25주년이 되는 해다.

이제 '수지신협'은 조합원 34,000명에 자산규모가 8천 억대에 이르는 대형 신협으로 성장했다.

25년 전 '수지신협'을 창설하기 위해 동분서주하며 뜻을 함께하는 분들과 노력하던 때가 엊그제 같은데 25개 성상이 흘렀다고 생각하니 감회가 깊다.

1996년 창립준비 때부터 함께 고생하며 애썼던 분들 중 몇 분은 벌써 고인이 되었다.

이제 '수지신협'은 중흥기를 맞이하고 있다.

사람은 각자 살아온 발자취가 있기 마련이다. 그리고 잘한 일은 공(功)이 되고 허물이나 잘못한 일은 과(過)가 된다.

나에게도 살아온 과정에 공과가 있다고 스스로 생각한다. 내가 잘못 판단해서 그르친 일도 있고 잘 한 일도 있다.

나 스스로 잘한 일 가운데 첫째가 '수지신협' 창립을 주도한 일이다. '수지신협'을 생각하면 언제나 가슴 뿌듯한 보람을 느낀다.

이 글을 쓰고 있는 와중에 '수지신협'에 관련된 낭보가 있었다. 바로 이기찬 이사장이 신협중앙회 이사 겸 대표감사위원으로 선출되었다는 소식이었다. 그것도 최다 득표로 당선된 것이다. 경하할 일이다.

　이와 같은 영예는 이기찬 이사장의 개인의 영광일 뿐만 아니라 '수지신협'의 영광이 아닐 수 없다. 그만큼 '수지신협'의 위상을 높인 것이리라. 멀지 않아 '수지신협'이 '한국신협운동'의 선도적 견인차 역할을 하리라 확신한다.

　25년 전 많은 우여곡절과 역경을 무릅쓰고 이룩한 '수지신협'의 창설 과정의 뒷이야기를 기억 속에 간직하는 것도 세월이 많이 흐르면 망각의 저편으로 사라지기 마련이겠지만 '수지신협'의 중흥기를 맞아 향후 더 큰 도약을 기대하며 이 글을 쓴다.

2022년 김학규

> 발간사

『수지신협 거목이 되기까지, 영선골 뻐꾸기』의 발간을 축하합니다

    샘물이 모여 흘러 도랑물이 되고 냇물이 되고 또 냇물이 모여 큰 강을 만들어 바다로 가려합니다.
    작은 솔 씨 하나가 낙낙장송이 되는 것처럼 수지신협이 지역민의 거목이 되어가고 있습니다.
    시곗바늘을 뒤로 돌려 25년 전으로 갑니다.
    1996년부터 수지신협을 설립하기 위한 분주한 움직임이 있었고 나는 그 실무를 맡아 차근차근 설립 동의자를 모집했고 336명의 설립 동의자와 2억 3천만 원의 출자금을 가지고 97년 1월 창립총회를 했던 기억이 또렷합니다.
    얼마 전 당시 동영상을 발견해서 보던 중 당시 발기인 대표를 하시고 초대 이사장을 역임하신 김학규 고문님의 창립기념사는 신협에 대한 철학과 애정이 듬뿍 담겨 있었습니다.
    "신협은 자본보다는 사람이 중심"이어야 하고 늘 지역사회와 함께하여야 가치가 있다는 말씀이었습니다.
    그 외침 그 말씀처럼 우리 수지신협은 지역과 함께 크게 성장 발전을 거듭하고 있습니다.

마음껏 열심히 일할 수 있도록 큰 그늘을 만들어 주시고 주변의 따가운 시선과 우려, 그리고 염려에는 우산 같은 방패막 역할을 해주시던 모습이 아직도 선합니다. 당시 336명의 조합원은 3만 4천 명으로 대폭 늘었고 2억 3천만 원의 종잣돈 은 8천억 원이 넘는 큰 자산이 되어있습니다.
　부단히 지역사회와 함께하기 위해 노력하다 보니 보건복지부로부터 표창을 받았고 한국사회복지협의회로부터 사회공헌 인정기관에 선정되기도 하였습니다.
　앞으로 수지신협이 신협을 넘어 모든 협동조합의 대표적인 모델이자 리더가 되고자 합니다.

　지금껏 걸어온 것처럼 사람이 중심이고 지역사회의 지지를 받는 조직이어야 한다는 초심을 잃지 않고 꾸준히 나아갈 것입니다.
　최고의 명품 조합을 만들어가기 위해 신협 가족 모두의 힘을 이끌어 내야겠습니다.
　『수지신협 거목이 되기까지』의 발간에 있어 조합의 씨를 뿌려주신 김학규 고문님과 성장의 기틀을 마련해주신 이원구 고문님께 깊은 감사를 드리면서 새롭게 다짐해봅니다.

이기찬 (수지신협 이사장)

축하글

수지신협 거목이 되기까지, 영선골 뻐꾸기

발간을 축하합니다.

먼저『수지신협 거목이 되기까지, 영선골 뻐꾸기』발간을 축하합니다.

수지신협은 1997년 인가를 받고 수지 1지구 개발이 되면서 한 알의 씨앗이 태동하여 작은 나무가 커다란 거목이 되고 울창한 숲을 이루기까지 초대 이사장을 역임한 김학규 이사장님을 비롯하여 봉사정신으로 흔쾌히 이사, 감사직을 승낙하며 함께 고생하신 이사, 감사님을 비롯하여 창립직원으로 시작해서 지금은 이사장님으로 중앙회 대표 감사를 하시는 이기찬 이사장님, 적은 보수에 묵묵히 함께 자리를 지키면서 신협을 키워주신 직원 모든 분께 감사를 드립니다.

수지신협을 만들면서 3-4대 이사장을 역임하고 지금까지 지역 주민들과 신뢰와 협동으로 어려운 고난을 이겨온 것은 투철한 봉사정신과 서민금융에 모토를 지키면서 조합원님과 함께 성실하게 걸어온 발자취와 그 흔적들입니다.

늦게나마 감사하는 마음으로 김학규 초대 이사장의 회고록이 담긴 책을 출간하게 된 것에 기쁜 마음으로 축하드립니다.

　이사, 감사 교육을 일주일 받으면서 오직 신협을 꼭 만들어 성공시키자는 집념으로 건실한 경영과 진솔한 생각으로 조합원을 모집하고 경영하여 온 것이 오늘에 수지신협이라 생각하면서 감회가 새롭게 느껴집니다.

　전국에서 손꼽아 몇째 가는 대형 신협으로 우뚝 선 것은 함께 해 주신 조합원님과 이사님 직원 모두에 노력이라 생각하며 지금은 경영에서 물러나 있지만 투철한 신협 정신은 잊지 않고 언제나 수지신협과 함께 할 것입니다.

　그간에 신협의 밑그림을 그려 오늘에 이르기까지 무보수에 헌신적으로 임해오신 초대 김학규 이사장님과 임원 및 관계자 여러분께도 고마움을 전하며 수지신협의 커다란 발전을 축하드립니다.

　　　　　　　　　　　　　　이원구(수지신협 3-4대 이사장)

축하글

『수지신협 거목이 되기까지, 영선골 뻐꾸기』의 발간을 축하합니다

온 마음을 다해 축하드립니다.
文質彬彬 然後君子(문질빈빈 연후군자)
"꾸밈과 바탕이 조화를 이룬 뒤에야 군자라고 할 수 있다."

『수지신협 거목이 되기까지, 영선골 뻐꾸기』를 보며 논어 한 구절이 생각났습니다. 꾸밈과 바탕이 모두 좋아야 명품이다.

이 문구가 생각난 건 책 속에서 균형과 조화의 삶을 보았고 아름다운 하모니를 이루어냄을 보았기 때문입니다. 어둠 속에 빛은 희망인 것처럼 책을 읽고 나중에 우리와 같은 길을 걷는 이들에게 위로와 희망이 되리라는 기대를 해 봅니다.

함께하고 싶은 삶, 나누고 싶은 삶. 수지신협을 위해 사회 속에서 헌신하며 함께하는 삶의 여정을 바라보며 회고록에서처럼 생의 아름다움을 회복해 가는 김학규 초대 이사장님의 글을 통해 인생을 고양(高揚)시키는 내용이 마음에 와 닿았습니다.

기초를 다져가며 든든함이 믿음직스러움으로, 내면과 외면이 조화를 이룸으로 그 안에 따뜻함을 통한 포용력과 견고함을 보았고 '명품의 질'을 보았습니다.

처음부터 옆에서 모든 성장과정을 바라본 저로선 수지신협은 모범이 되어주는 신협, 이끌어주는 신협으로 신협의 가치를 보여주는 리더 중에 리더입니다.

세상이 어둡고 혼란 속에 있지만 꾸준함과 성숙함으로 길을 제시하고 삶의 가치를 보여주었습니다.

25년의 꾸준함은 앞으로의 25년이 더욱 기대됩니다.

기나긴 전염병과의 전쟁, 집중호우, 무더위가 기승을 부렸지만 언제 그랬냐는 듯이 시치미를 떼고 청아한 하늘과 바람소리가 또다시 우리 삶에 균형을 맞춰 줍니다.

김학규 초대이사장님의 초석, 꾸준함과 성실함 그리고 창조적인 길을 제시한 것을 이어받아 이기찬 현 이사장님과 그 외, 많은 임직원들의 열정과 노력을 높이 찬하합니다.

끝으로 발간을 축하하며, 책이 수많은 독자들의 사랑을 받기를 기원합니다.

김일용(신협 동남부 평의회 회장, 현 용인신협 이사장)

차례

프롤로그	김학규	04
발간사	이기찬(수지신협 이사장)	06
축하글	이원구(수지신협 3-4대 이사장)	08
	김일용(신협 동남부 평의회 회장, 현 용인신협 이사장)	10

제1부 수지신협 거목이 되기까지

신협의 작은 씨앗을 수지 지역에 심다	19
조합 창립준비 사무소 설치	21
1990년대의 수지지역 여건	22
난관에 봉착한 창립총회	23
나의 조직 기반이 힘이 되다	25
1997년 수지신용협동조합 인가서	28
1996년 수지지역의 금융환경	29
한국신협의 역사	30
수지신용협동조합 발기인 총회를 개최하다	32
1수지신용협동조합 창립하다	34
최초 내부 조직 구성	36

수지신협이 창립되던 해 1997년도의 시대적 배경 및 지역 환경	38
수지신협의 제2 도약기	39
제위원회가 구성되어 조합원들 참여로 조직원의 활성화 가져오다	40
수지신협 제3 도약기	42
수지신협 주요 행사 및 복지사업(2004~2007)	43
수지신협 성장의 원동력	46
천국의 풍경과 '어부바' 정신	49
수지신협 소개	51
수지신협 이기찬 이사장 인사말	54
수지신협 연혁	56
수지신협 역대 임원 현황	59
조합원 가입 안내	60
수지신협 사회 공헌 행사	63
수지신협 문화센터 소개	78
이사장님 인사말 모음	83
언론 기사 모음	86
수지신협 보도자료	99
신협 알고 싶어요	101

차례

제2부 영선골 뻐꾸기

나를 키워준 시간과 삶의 조각들	123
이별 그리고 시작	134
용인시장 김학규의 발자취	147
정치와 용인의 꿈	161
2011년 경기일보에 기고되었던 나의 글	167
내 고장 용인을 위한 결단을 후회하지 않는다	170
자전거를 타고 녹색 선거 운동을 하다	176
고마운 인연들로 내 인생이 빛나다	180
아름다운 여정(용인불전연구소 소장이 되다)	185
길 끝에 열린 문(내 언어의 여행기)	191
동판에 참전 용사 이름을 새기다	193
마스크 쓰고 주례사	196
미루나무	199
빨간 명찰	202
소년등과	206
수여선 열차 첫사랑 P양	209
어머니의 선물	213

영선골 뻐꾸기	216
용뫼산의 메아리	220
원천 방죽	225
장남 생일	229
귀밝이술 독작 카페	232
잠자리 방생	235
잡풀 뽑기	238
동영상 세배	242
말 무덤에서 꽃 핀 사랑	245
인천의 '성냥공장 아가씨' 해병대♪	249
어머니에 대한 나의 단상(斷想)	251
쌍무지개 뜨는 언덕	255
똥통에 빠지다	258
봄, 비 하모니카	262
고드름	265
나의 어머니 빗속에 떠나가시다	268

에필로그　　수지지역 사회에 신협의 꽃을 피우다　　274

제2부 수지신협 거목이 되기까지

신협의 작은 씨앗을 수지지역에 심다

 1996년 더위가 한창 기승을 부리던 팔월의 어느 날, 지금은 이미 고인이 되었지만 수지지역의 지인이었던 김준식 씨가 나를 찾아왔다.
 그는 1996년 봄, 선거 때 수지 지역 선거구 책임을 맡아 나의 선거 운동을 한 인연으로 허물없이 지내는 사이였다.
 나는 그 해, 제15대 국회의원 선거에 입후보했다가 낙선의 고배를 마시고 의기소침해 있던 때였다.

 고 김준식 씨는 나에게 긴히 할 애기가 있어 왔노라고 서두를 꺼냈다.
 그의 말인즉 수지지역에 '신용협동조합'을 창설하는데 나 보고 설립을 주도해 보라는 권유였다.
 그 당시 나는 과문한 탓이라 협동조합이라면 '농협' 밖에 몰랐을 때였다. 신용협동조합에 대해선 말은 들어봤지만 별 관심이 없었기 때문에 잘 몰랐다.

 나는 그에게 말했다. "수지지역 사람이 앞장서야지 내가 신갈 사람인데 앞장서면 거부반응이 나오지 않겠느냐?"

"신협에 대해 잘 모르는 내가 나서서 될 일 같지가 않으니 다른 사람을 찾아보는 게 어떻겠냐?"라며 완곡하게 거절했다.

그가 말하길 "당신이 선거 치르면서 해 놓은 조직도 있고, 경기도의원 하면서 맺어 놓은 인맥이 있지 않느냐, 그래도 김학규 하면 아는 사람도 많고 인정해 주는 사람이 많으니 당신이 앞장서면 충분히 가능성이 있다. 그러니 당장 대답하기 어려우면 신중히 생각해 봐라"라며 나에게 말미를 주었다.

며칠이 지나 김준식이 다시 나를 찾아왔다.

나에게 "당신 아니면 앞장설 사람이 없고 수지지역은 토박이 인사들이 농협 조합원 아닌 사람이 별로 없어 앞장 설 사람이 없다."는 얘기였다.

이미 동천리에 있는 한 교회에서 교회 신협 설립을 추진하며 교인들 중심으로 예비조합원까지 선정된 상태였는데 추진하는 과정에 문제가 생겨 중단된 상태라고 했다.

김준식의 간곡한 설득에 내 마음이 움직였다. '성공의 8할은 일단 출석하는 것'이라 하지 않던가? 지역사회 발전을 위해 도움이 되는 일이라면 누군가는 해야 할 일이 아닌가! 나의 힘이 필요하다면 기꺼이 응해야 한다는 생각으로 결국 뜻을 함께 하기로 했다.

조합 창립준비 사무소 설치

조합을 설립하려면 우선 사무를 관장할 장소인 사무소가 있어야 했다. 당시 건설회사를 경영하던 김장규 씨가 풍덕천 사거리에 건물을 가지고 있어 어렵게 부탁을 했더니 사무실 한 칸을 흔쾌히 내주어 무사히 사무소를 차리게 되었다.

우선 사무소에는 김준식과 나의 뜻을 함께하기로 한 이원구 씨가 매일 상주하면서 설립 업무를 추진했다.

조합을 설립하기 위해서 우선적으로 할 일은 창립 발기인 확보였으며 규정에 의거해서 발기인 정족수를 채워야 했다.

교회에서 추진하던 교회 신협에서 지역 신협으로 성격이 변경되자 백지상태에서 다시 새롭게 출발하게 된 것이다.

1990년대 의 수지지역 여건

내가 기록하는 것이 정확한 통계자료라기보다는 기억에 의존하는 것이라 다소 실제와 차이가 나는 점이 있더라도 양해를 구하며 기억을 더듬어 보겠다.

당시 수지읍(면)은 1 지구가 개발되면서 아파트 단지가 들어서고 인구가 많이 늘어 약 10만 명 정도였다.

나중에 2 지구가 잇달아 개발되면서 빠른 속도의 지역발전이 이루어졌다. 인구 10만 명 정도의 '협동조합'은 오로지 S농협 한 군데밖에 없었다.

새마을금고도 없었으며 수협도 없었다. 당시만 해도 수지지역의 주요 산업은 농업이었던 것으로 기억된다.

일반 농업과 화훼농업으로 나눌 수 있었으며 농업 이외에 이렇다 할 기업체도 없었다. 그런 환경에서의 농협의 역할은 지역 미래 성장의 동력 창출 및 농심을 이어주는 가교 역할로 영향력이 매우 컸던 것이다.

난관에 봉착한 창립총회

그때 당시만 해도 수지지역사회는 원주민(토박이)이 주도하던 분위기가 지배적이었다. 동리 이장부터 각종 사회단체의 장은 대부분 토박이 인사들이 맡아 활동했다. 그분들이 거의 다 농협의 조합원이었다.

지역에 신용협동조합이 창설된다는 소문이 나면서 이상한 소문이 퍼지기 시작했다.

"신협을 만든다고 나선 김 아무개 등 몇 명이 설치고 다니는데 믿을 사람들이 못 된다. 사기 치려고 하는 짓인지 모르니 가담하면 안 된다."라는 소문이었다.

결국 소문의 진원지가 바로 파악되었으며 S농협이 수지지역에 신협이 생기는 것을 경계하는 것 같았다.

그 당시 매월 주민들이 모여 마을의 대소사를 의논하고 관에서 홍보하는 '마을 반상회'가 있었으며 연말이나 6월 말에는 마을 이장이 주축이 되는 자치적 집회 조직 '대동회'가 열렸다. 반상회나 대동회를 통해 조직적인 신협 설립의 방해 공작 움직임이 포착되기도 했었다.

반상회에는 담당 공무원도 있었지만 농협의 직원도 마을마다 담당이 있었다. 마을 단위의 이장과 새마을 부녀회장까지도 농협에서 부여한 '영농회장'이라는 직책이 있었다.
　이장은 '민방위 교육훈련'의 마을 대장까지 겸하던 때였다.
　당시 S농협 조합장은 지역의 유지이며 공화당 정권 시절, 통일주체 대의원을 역임한 이 모씨였다. 수지지역의 가장 큰 어른 역할을 하는 분이었다. 그 분의 파워는 막강했다.
　그런 분이 신용협동조합이란 도전장을 지역에 내민 나를 곱게 볼 리가 없었다. 나중에 창립 발기위원이며 부이사장을 맡게 된 이원구 씨와는 용인 이 씨 문중 내 인척간이었다.
　이원구 씨는 농협 조합장 실에 불려가 힐책을 들었다는 이야기도 전해 들었다.

　수지지역 사회의 신협 창립에 대한 부정적 기류로 인해서 창립 발기인 정족수 확보가 여의치 않았다. 할 만한 사람을 물색해서 발기인으로 수락해 달라고 부탁을 하면 농협 조합원이거나 농협을 거래하는 처지라 곤란하다며 거절하기 일쑤였다.

나의 조직 기반이 힘이 되다

　나의 경기도의원(1991~1995) 선거 당시 선거구는 용인시 제2선거구로 기흥읍, 구성면, 수지읍으로서 3개 읍, 면이었다.
　나는 당시 여당이었던 '민주자유당'(민자당) 후보로 각 지역별로 조직책임자가 있었다. 읍이나 면에서 읍면 책임자가 있었고 투표구 단위의 책임자, 마을 단위의 책임자가 있었다.
　이원구 씨 (고)김준식 씨 등 선거 때 지역 별로 조직책임을 맡아 활동하던 많은 분들이 나에게 큰 힘이 되었다.
　수지지역에서의 경기도 의원으로서 활동했던 것이 기반이 되었으며 '수지신협'의 창립 발기인 확보에도 큰 도움이 되었던 것이 사실이다.
　또한 제15대 국회의원 출마 때 나를 도와 조직에 함께 있었던 분들이 조합 설립에 큰 역할로 도움을 주었다.
　그러나 창립 발기인부터 창립총회 조합원 정족수를 확보하는데 있어 수지지역 인사들로 구성하는 데는 한계가 있었다. 소위 유력 인사들, 유지급 인사들을 비롯해 농토를 소유한 인사들은 농협 조합원이 아닌 사람이 없을 정도였다.
　소수의 상업에 종사하거나 농협 조합원이 아닌 사람들을 참여

1997년 수지신협 창립총회 김학규 이사장

시켰지만 정족수 채우기가 무척 어려웠다.

나는 지금은 고인이 되신 숙부를 위시해 사촌 형제들, 처가 형제들을 비롯해 친구 지인들에게까지 부탁하고 설득하여 창설 조합원으로 영입하였다.

공동유대 권역이었던 기흥, 구성, 모현 쪽의 인사들이 부족한 정족수를 채워주었다.

처음 창설되는 신생 조합에 선뜻 조합원으로 가입하겠다고 응답하는 사람이 많지 않은 건 당연했다. 모현면 쪽에서 박종화 씨를 비롯해 고인이 된 이언희, 김덕기 씨 같은 분들은 수지신협이 태동기 때 조합원으로 참여해서 임원(이사)으로 활동하신 분들이다.

'행복하기 때문에 감사하는 것이 아니라 감사하기 때문에 행복해지는 것이다.' 생각해 보면 늘 그분들에게 감사한 마음이다.

기흥지역에서도 지역의 어른이신 전 이양구 읍장님을 비롯해

창립총회 에서

나의 숙부이신 김재식 씨, 김성태 씨, 오택무 씨 등이 조합원으로 가입하여 도움을 주어 큰 힘이 되었다.

1997년 수지신용협동조합 인가서

인가 제3-249 호

인 가 서

수지 신용협동조합

신용협동조합법 제 5 조의 규정에 의하여 위 조합의 설립을 인가함

19**97**년 3 월 **10** 일

재 정 경 제 원 장 관

신용협동조합법 제94조에 의한 권한의 위임을 받아

신용협동조합중앙회장

1996년 수지지역의 금융환경

금융기관으로서는 국민은행 등 서너 개의 은행 지점과 농협이 있었다고 기억된다. 당시에는 금융기관의 문턱이 서민들에게 높다는 여론이 많을 때였다.

자영업을 하는 소상공인들도 금융기관에서 대출받기가 어려울 때였다. 오죽하면 '대출커미션'이라는 용어까지 생겼을까…….

금융기관의 직원이 고객으로부터 대출해 준 사례금을 그렇게 불렀던 것이다. 그런 상황이었기 때문에 담보 물건이 별로 없는 서민들은 고리채를 울며 겨자 먹기 식으로 쓰지 않을 수 없었다.

그 당시 '일수' 놀이하는 사람이 많았으며 '계' 모임이 성행할 때였다. '일수'는 고리채로 돈을 빌려준 뒤 매일매일 이자와 원금을 갚아나가는데 치부책에 그날그날 도장을 받아가는 방식이었다.

3부 이자는 비교적 싼 금리에 속했고 달러(USD)는 10부 정도 된다고 들었다. '계' 모임의 폐단도 많았다. 계주가 계원의 돈을 끌어 모아 야반도주해서 계원들이 피해 보는 사례가 부지기수였다.

한국 신협의 역사

1960년 5월 1일이 최초의 한국신협 고고의 성을 울리고 태어난 '성가신협' 창립일이다.

1960년 한국의 경제사정은 최빈국(最貧國)의 처지로서 GNP 60불 시대였다.

국가예산의 40% 정도가 미국의 원조로 충당되었을 정도로 경제가 어려울 때였다.

'한국신협'이 태동한 계기도 메리 가브리엘라 수녀께서 6·25 전쟁 중에 부산 피난시절 서민들의 경제적 참상을 목격하고 자립의 기틀을 마련해주고자 시작한 것이 '신용협동조합'인 것이다.

부산 천주교 성당을 중심으로 성당 건물을 빌려 한국 최초로 설립된 신용협동조합이 '성가신협'이다.

처음에는 신뢰관계가 깊은 카톨릭 신자들 중심의 조합으로 공동유대 정신과 함께 소규모로 운영이 되었으며 1972년 신협법 제정이 국회를 통과하며 신생 신협들이 제도권에 진입, 흡수되기 시작했다.

1989년 신용협동조합 연합회를 중앙회로 전환 신협중앙회로 창립되었다.

지역경제와 서민들의 경제적 자립을 돕기에 가장 적합한 경제적 자립운동이 '신협운동'이며 그런 의미에서 수지지역의 신용협동조합 설립이 시의 적절했던 것이다.

수지신용협동조합 발기인 총회를 개최하다

1996년 11월 29일 오후 2시 금하건설 사무실에서 '발기인 총회'가 열렸다.

발기인은 김학규, 김준식, 나종개, 이원구, 이기찬, 김형범, 이언희, 오택무, 이영길, 장정순, 김홍혁, 문광성, 한상환, 최민규, 박종화 등 상세한 내용이 필요하겠지만 어렴풋이 기억된다.

• 발기인 교육 및 다른 지역 신협을 견학하다

그 당시 기억으로 천안신협협동조합을 견학한 것으로 기억된다.

• 수지신협 초대 임원 명단

이사장 김학규 / 부이사장 나종개 / 이사 김준식
이사 김형범 / 이사 박종화 / 이사 김덕기
이사 이원구 / 이사 전하현 / 이사 최병설
감사 김성태 / 감사 문광성 / 감사 김홍혁

*초대 임원중에는 이미 고인이 되신 분들도 있습니다.

수지신용협동조합 창립하다

1997년 1월 22일 오전 11시 장소(세원뷔페)
참석 조합원 336명, 전체 조합원 442명

인사말 요지 – 역사적인 수지신용협동조합 창립총회를 갖게 된 것을 매우 기쁘게 생각합니다.

바쁘신 가운데 발기위원으로 참여하신 분들과 조합원으로 가입해서 오늘 이 자리에 참석해 주신 조합원 여러분께 깊이 감사드립니다.

그동안 무상으로 사무실을 대여해 주신 (주)금하건설 대표이신 김장규 사장님께 깊이 감사드립니다.

신용협동조합은 근검, 절약정신과 자조, 자립, 협동 이념에 의해 운영되는 조직으로서 1인 1표의 투표권을 갖는 가장 민주적인 조직이며 또한 '1인은 만인을 위하여, 만인은 1인을 위하여'라는 슬로건처럼 상호부조(相互扶助)의 협동조직입니다.

아직도 일반 서민대중에게 은행 문턱이 높기만 합니다. 조합원이 근검저축해서 모인 예금은 다른 조합원이 필요할 때 조합에서 대부받아 사용하는 것이야말로 '상호부조'가 아니고 무엇이겠습니까?

　서민 대중에게 은행 문턱이 높다 보니 고리채가 성행하여 고리채를 쓰는 서민 대중의 생활은 '빈곤의 악순환'이 될 수밖에 없습니다.

　이제 수지신용협동조합이 서민경제의 난제를 해결하는 기수로서 조합원 여러분의 복지 요람으로서 자리매김할 것입니다.

　조합원 여러분!

　오늘 여러분께서 조합원으로 참여한 결실로 수지지역에 '신협운동'의 귀한 씨앗이 심어졌습니다.

　이 씨앗이 조합원 여러분의 정성으로 싹을 틔워 무럭무럭 커서 거목(巨木)이 되도록 합시다.　감사합니다.

　총회에서 선출된 임원 명단 : 이사장(김학규), 부이사장(나종개), 이사(김준식, 이원구, 김형범, 박종화, 김덕기, 전하현, 최병설), 감사(김성태, 문광성, 김홍혁)

• 선진 신협 견학

1997년 4월 25일 이천신협을 방문하다.　참가인원(32명)

• 사무소 설치

　주소 : 경기도 수지읍 풍덕천리 714번지 수지 1지구 상업지 입구 사무실 한 칸을 임대함(면적 112.87m2(약 34평)

최초 내부 조직 구성

 실무책임자로 이기찬 씨를 영입했으며 지역의 인사들을 잘 아는 이원구 이사와 의논한 끝에 상무로 이기찬 씨를 설득하여 근무하도록 하였다.
 당시 사무는 지금처럼 전산화되기 전이기도 하지만 열악한 환경에서 근무할 인력을 확보하는 것도 용이한 일이 아니었다.
 처음부터 직원에 대한 만족할 만한 처우가 될 수 없었다. 신협도 금융거래 전표를 수(手) 작업으로 할 때라서 유경험자가 필요하다고 판단되어 수지 풍덕천 사거리에 신협 경력사원 채용 공문을 부쳤다. 그 공고문을 보고 찾아온 사람이 지금의 박순희 전무이다.
 '청주지역 신협'에서 근무하다가 부군의 직장 전근에 따라 수지지역으로 이사한 것이 인연이 된 것이다.
 상무 이기찬, 박순희, 최선옥이 최초 사무실 직원이 되어 업무를 시작했다.
 제일 급선무가 예수금 확보였다.
 예수금을 유치하는 작업은 이원구 이사의 역할이 컸다. 수지지역의 재력 있는 인사들의 속사정을 누구보다 잘 아는 이원구 이사는 지역에서 좋은 일, 궂은일, 마다하지 않고 남의 일을 잘 도와주기로 이름이 나서 이원구 이사의 역할이 컸던 것이다.

기흥지역에서는 나의 숙부 김재식 씨가 많은 도움을 주셨다.

초창기 임직원들이 혼연일체가 되어 조합원 확보와 자금을 끌어들이기 위해 노력을 많이 했으며 지금도 그분들께 감사한 마음을 잊지 않고 마음에 담고 있다.

실무자를 비롯한 직원에게 충분한 봉급(당시 용어)을 지급하지 못하고 초창기에는 거의 무료봉사에 가까운 아주 적은 급여를 감내하면서 근무했던 직원 여러분께도 미안함을 금치 못하며 나에게 주어진 고운 인연이라 생각하며 고맙게 생각한다.

수지신협이 창립되던 해,
1997년도의 시대적 배경 및 지역 환경

 1997년도는 IMF라는 '외환위기'가 발생하여 기업과 은행이 줄도산하며 그 여파로 나중에 안 일이지만 신협의 많은 조합도 파산을 면치 못한 경제적으로 최악의 해였다.
 그 암흑했던 경제적인 위기 시대에 '수지신협'은 태어난 것이다. 그나마 다행인 것은 그 당시 수지지역의 '개발 붐'이 있었다.
 수지 1 지구의 개발에 이어 2 지구가 개발에 들어감으로써 많은 아파트가 들어서고 그에 따라서 인구가 늘어났다.
 활발하게 개발이 추진되면서 토지 매각에 따른 보상금을 받는 주민이 늘어나고 그런 현상은 초창기 수지신협 발전의 경제적 '인프라'가 되었다.
 임직원이 허리띠 졸라매고 끈기 있는 노력을 해 온 결실이 바로 오늘의 수지신협 인 것이다.

수지신협의 제2 도약기

수지신협이 성장의 기틀을 마련하고 제2 도약기를 맞이한 것은 2000년 12월 1일이었다.

조합원도 2,986명으로 늘어났고 출자금을 비롯한 예수금을 포함하여 자산규모가 2백억 원으로 증가한 시점이었다.

직원 수도 늘어남에 따라 협소한 사무실 문제도 해소되었다. 당시 직원 수도 7명으로 늘어났으며 여성회관 옆에 있는 창진 빌딩으로 사무실이 이전하게 된 것이다.

조합원 이기호 씨의 배려로 좋은 조건의 임대차 계약을 체결하고 1층과 2층의 공간 면적을 확보하게 되었다.

제위원회가 구성되어 조합원들 참여로 조직의 활성화를 가져오다

1999년 '수지신협산악회'가 결성되어 활발하게 산행활동을 하며 수지신협 홍보의 촉매 역할을 하였다.

또한 2006년 9월 5일 여성조합원으로 구성된 '수지신협 여성문화체험 봉사단'도 결성되어 문화체험, 불우이웃 돕기 등 활발한 봉사활동을 전개하였다.

- 수지신협 제위원 역대 회장단 명단

구분	수지신협본점 산악회	여성문화체험 봉사단	수지신협 기흥산악회
1기	정복만	한영애	
2기	김문식	오정수	
3기	김문식	이진숙	윤정근
4기	김길호	김현숙	이강혁
5기	최재우	변미옥	김성태
6기	김홍빈		김성태

• 여성문화 체험 봉사단

수지신협 제3 도약기

  2004년도에 수지신협 기흥지점 개설, 2007년도에 죽전지점을 설치함에 따라 제3의 도약기를 맞이했다고 할 수 있다.
  수지신협은 '조합원이 주인이다'라는 협동조합의 원칙하에 경영수익의 상당 부분을 조합원을 위한 환원사업에 반영하였다.

2004년 기흥지점 개점식

수지신협 주요행사 및 복지사업
(2004년~2007까지)

행사명	개최일자	참석인원	장소
조합원 자녀 여름문화체험 (청소년 자원봉사 체험)	2002. 7. 27	중학교 1~3학년 조합원 자녀 40명	가평 꽃동네
조합원 자녀 여름문화체험 하회마을탐방기행 및 민속놀이 체험	2004 7.28~29	초등학교 4~6학년 조합원 자녀 41명	안동 월악산 민속 놀이학교
조합원 자녀 여름문화체험 태안 볏가리 마을 체험	2004.7.28	초등학교 1~3학년 조합원 자녀 40명	태안 볏가리마을
조합원 자녀 여름문화체험 청소년 자원봉사 체험	2005. 7. 25	중학교 1~3학년 조합원자녀 39명	수원 중앙양로원
조합원 자녀 여름문화체험	2005.7. 27~28	초등학교 4~6학년	진주, 통영
불멸의 이순신과 함께하는 역사기행 탐방		조합원 자녀 40명	
조합원 자녀 여름문화체험 애니메이션 박물관, 수목원 견학 및 도자기체험	2005. 7. 27	초등학교 1~3학년 조합원 자녀 39명	춘천, 가평
수지신협 산나물채취 체험행사	2006. 5. 18	조합원 216명	강원 정선 가리왕산

수지신협 먹거리 나눔 행사	2006. 6. 7~9	조합원 약 600명	수지신협 사무실
조합원 자녀 여름문화체험 청소년 자원봉사 체험	2006. 7. 24	중학교 1~3학년 조합원자녀 39명	수원 중앙양로원
조합원 자녀 여름문화체험 민속놀이 및 안동 전통한옥체험	2006. 7. 26~27	초등학교 4~6학년 조합원자녀 29명	충주 안동, 영주
조합원 자녀 여름문화체험 서해안 갯벌 및 농촌체험	2006. 7. 26	초등학교 1~3학년 조합원자녀 36명	안면도
수지신협 알밤 줍기 체험행사	2006. 9. 23	조합원 및 예비조합원 450명	공주 정안
수지신협 창립 10주년 기념 제2회 용인사랑 글짓기 공모전	2007. 4. 27	초등학생 36명 시상	용인시 여성회관
수지신협 모종나눔 행사	2007. 5. 10~14	조합원 550명	수지신협
수지신협 산나물채취 및 송어잡기 체험행사	2007. 5. 20	조합원 509명	강원 정선 개미들마을
수지신협 감자나눔 행사	2007. 7. 9	조합원 743명	수지신협
조합원 자녀 여름문화체험 청소년 자원봉사 체험	2007. 7. 24	중학교 1~3학년 조합원자녀 37명	영보 노인요양원
조합원 자녀 여름문화체험 도자기, 사계절 물 썰매 체험	2007. 7. 26	초등학교 1~3학년 조합원 자녀 30명	경북 문경
조합원 자녀 여름문화체험 천연염색 및 역사유적 탐방 체험	2007. 7. 26	조합원 자녀 20명	경북 문경
수지신협 가족 알밤 줍기 체험행사	2007. 10. 13	조합원 및 예비조합원 363명	공주 정안

• 초등학생 문화체험

천연염색 체험

수지신협 성장의 원동력

　1997년 1월 22일 수지신협 창립 당시 참여한 조합원 여러분이 계셨기에 오늘의 수지신협이 크게 성장하는 토대가 되었음을 잊지 않고 있다. 사업을 성공적으로 이끌기 위한 그 바탕에 그분들 도움이 얼마나 크고 고마운 일인지 잘 알고 있다. "어둠 속에서만 별을 볼 수 있다"라는 말이 있다. 어려움 속에서 빛이 되어준 조합원 여러분께 깊이 감사한 마음이다.

　한국의 신협운동의 어머니로 불리는 메리 가브리엘라 수녀님께서 주창하신 신협정신은 교육과 근검절약이었다.
　조합원은 교육을 받아야 조합원 자격이 주어지며 임직원과 조합원은 정기적으로 교육을 받아야 한다는 것이다.
　교육을 우선시하는 신협의 방침에 따라 창립 발기인과 조합원은 필수적으로 교육을 받았다.
　선진 신협을 견학하기 위해 천안, 이천의 신협을 현장교육으로 찾아보기도 했으며 이사장인 나는 '신협연수원'에 가서 1주간 교육을 받기도 했다.

신협중앙회에서 발간한 책 『희망을 눈 뜨게 하라』에서 감동 깊은 대목을 소개하고자 한다.

"신용협동조합이란 말은 영어로 크레디트 유니언(CreDit Union)이라고 부릅니다. 크레디트(CreDit)는 라틴어 크레도(CreDo)에서 온 말입니다. 크레도란 '나를 믿는다.'는 뜻입니다. 그러므로 신용협동조합이란 서로 믿는 사람끼리 뭉쳐진 하나의 조직을 말합니다. 이런 점에서 무엇보다 정신적 의의가 얼마나 깊은지 알 수 있습니다.

"오늘날 우리가 살고 있는 이 세계가 당면하고 있는 가장 커다란 싸움은 배고픔과 배부름의 싸움, 사랑과 미움의 싸움, 믿음과 불신의 싸움이며, 평화와 전쟁의 싸움입니다. 그러므로 우리는 먼저 우리 자신부터 시작하여 나아가서는 우리와 접촉하는 모든 사람들의 마음속으로 파고들어 상호 신뢰의 원리를 확립하기 위해 모든 힘을 바칩시다."(83페이지)

가브리엘라 수녀의 사무실은 메리놀 수녀회에서 곁방살이로 빌려 썼기 때문인지 제대로 불도 켜지 않았다.
아무리 짧은 몽당연필이라도 버리지 않았으며 종이도 앞뒤 모두 빽빽하게 쓴 다음에 또, 다른 쓰임새를 찾았다.
손가락으로 세 번 정도 감을 수 있는 실 토막은 모아두었으며 받은 편지봉투는 뜯어서 안쪽을 이면지로 재사용했다.
구두 굽은 언제나 가지런히 닳아있었고, 새 옷을 걸친 적도 없었다.
가브리엘라 수녀는 고향에 있는 가족들의 도움으로 직원들의 월급을 주고 사무실 운영에 필요한 돈을 대느라 선택적 가난을 실천할 수밖에 없었다.

  이런 헌신 때문에 가까이서 가브리엘라 수녀를 지켜보는 비서와 밀알들은 늘 긴장할 수밖에 없었다.(85페이지)

천국의 풍경과 '어부바' 정신

우화에 이런 이야기가 있다.

어떤 사람이 지옥을 구경하게 되었는데 많은 사람들이 장방형의 식탁에 둘러 앉아 식사를 하고 있었다. 특이한 점은 숟가락이 매우 길어 자기 입에 음식을 떠 넣기가 힘들었다. 그래서 식사하는 사람들의 표정이 불만으로 가득했던 것이다. 음식을 입에 넣으려 해도 긴 숟가락 탓에 음식이 잘 들어가지 않았다. 식탁에 흘리는 음식물이 더 많을 정도였다. 그러니 음식을 먹고 싶은데 입에 넣을 수 없으니 짜증이 날 수밖에 없었던 것이다.

지옥을 구경한 다음 천국을 가서 보게 되었다.

천국의 사람들도 역시 같은 형태의 식탁에 앉아 식사를 하고 있었다. 그런데 식사하는 모든 사람이 웃는 얼굴로 식사하는 모습이 참으로 행복해 보였다.

그곳의 식탁도 역시 장방형으로 생겼으며 숟가락 역시 지옥과 마찬가지로 길었다. 음식도 똑같은 음식인데 다른 점이 있었다.

음식을 자기 입으로 가져가는 것이 아니라 맞은편에 앉아있는 사람 입에 떠 넣어 주는 것이 아닌가? 앞에 앉은 사람 역시 마주

보고 앉은 사람 입에 음식을 떠 넣어 주니 음식을 먹는데 아무 불편 없이 먹을 수밖에 없었다. 그러니 즐겁고 행복한 식사가 될 수밖에 없지 않은가?

신협의 '상호부조' 정신은 바로 천국 사람들이 타인을 배려하면서 음식을 잘 먹도록 도와주는 협동 정신이다.

내가 어렸을 때 '어부바' 소리를 어머니나 할머니로부터 들으면 울다가도 울음을 뚝, 그치고 얼른 등에 업혔다.

그 포근하고 든든한 느낌으로 안정된 성장을 했으니 지금 생각해 보아도 너무나 따뜻하고 행복한 시절이었다.

'어부바' 소리를 들으며 아이는 자란다. '어부바'는 사랑이라는 또 다른 이름이다. '어부바'는 사랑으로 보듬는 '기름'의 정신이다.

천국에 사는 사람들이 타인의 입에 음식을 떠 넣어 주는 정신과 '어부바' 정신은 일맥상통 한다.

'어부바'는 남을 도와주고 나도 살리는 정신이다. 그래서 천국의 풍경과 다를 게 없다.

수지신협 소개

• 신협소개

　신협은 서민과 중산층을 위한 대표적인 서민금융기관입니다.
　신협은 믿음과 나눔의 정신을 바탕으로 서민과 중산층을 위해 비영리로 운영되고 있는 협동조합 금융기관입니다.
　수지신협은 1997년 창립하여 재정경제원 인가(3-249)를 받은 비영리 특별법인으로 용인시 전 지역 주민을 공동유대로 하고 있습니다. 조합원의 경제적 자립을 도모하는 금융적 협동과 지속적인 교육과 공동 경제활동을 통하여 사회적 경제적 지위향상과 복리증진을 추구하는 비영리 민주적 협동조직입니다. 조합원들의 한결같은 믿음과 사랑으로 성장한 수지신협은 조합원과 지역민을 위한 금융서비스는 물론 조합별로 차별화된 다양한 사회공헌 사업을 펼치고 있습니다.

• 모든 금융상품은 안전하게

신협은 신협법(제 80조의 2항)에 따라 신협의 영업정지로 인해 조합원의 예금을 지급하지 못할 경우에도 이자를 포함 1인당 최고 5,000만 원까지 보장해 드립니다.

• 소중한 예금, 안전한 신협

신협은 전국 873개 조합과 1,447만 명의 조합원 및 이용자를 가족으로 1,244조 원의 자산을 운영하고 있는 믿음직한 금융기관입니다. 앞으로도 서민의 대표 금융이 되겠습니다.

• 신협만의 특별한 혜택

신협의 비과세 혜택은 신협 예금의 안전성과 함께 높은 수익성으로 조합원들께 더 큰 만족을 드립니다. 조합원이 되면 최고의 금융 맞춤 서비스를 받을 수 있습니다.

• 수상경력

2020년 공제 일반손해 우수 2위
2019년 공제 일반손해 우수 2위

2018년 공제 일반손해 우수 1위

2017년 조합경영평가
인천경기지역본부 우수상

2017년도 공제사업 종합우수 2위

수지신협 이기찬 이사장 인사말

이기찬 이사장

**건전한 재무구조는 물론, 대표적이고 모범적인
협동조합의 모델이 되도록 하겠습니다.**

존경하는 조합원님

지난해 수지신협은 가치경영을 추구하면서 임·직원, 조합원이 혼연일체 되어 훌륭한 경영성과를 이루어 냈습니다. 7천억으로 자산을 성장시키며 금융당국과 관계법이 요구하는 모든 조건을 충족시키면서 33억 원의 당기순이익을 실현시켜 24년 연속 흑자경영과 3.2%의 조합원 출자배당을 지급하기로 하였습니다.

2021년은 경영성과뿐 아니라 지역 내 사회공헌 활동에서도 두각이 나타난 한 해였습니다. 청년 협동조합 180과 협업하여 동천지점에 '카페 어부바'를 오픈했고 현재 주민들의 사랑방 역할을 톡톡히 해내고 있습니다. 또한 조합원들의 건전한 문화생활을 돕는 문화센터 운영, 지역아동센터 아동 멘토링 사업을 통해 어린이 경제관념 교육, 조합원님과 함께하는 헌 옷 수거 행사와 지역 취약계층을 위한 헌 옷 판매액 기부 등 지역민들과의 상생의 가치를 적극적으로 실천해왔습니다. 그 결과, 보건복지부와 한국사회복지협의회가 주관하는 '지역사회공헌 인정기업'으로 선정되는 뜻깊은 성과를 이루어 냈습니다.

2022년에도 수지신협은 조합원과 지역사회를 위한 보다 적극적인 사회 환원 활동 목표를 갖고 지역 대표 서민금융 역할을 하겠습니다.

금년 결산 총회도 코로나19로 인하여 총회 진행을 간략하게 진행하게 됨에 많은 양해 부탁드립니다. 방역당국의 사회적 거리두기 지침 이행과 예방 및 확산 방지를 위함이오니 너그러이 이해해주시길 바라며 점진적으로 위드 코로나와 더불어 일상으로의 완전한 회복을 기대해봅니다.

존경하는 조합원님
2022년에도 건전한 재무구조는 물론 모범적인 협동조합의 모델이 되도록 노력할 것입니다. 하루빨리 조합원님과 두 손 마주 잡고 함께 활동하기를 간절히 기원하면서 조합원님 모두 건강하시고 복된 한해가 되기를 진정으로 소망합니다.
감사합니다.

수지신협 연혁

날짜	내 용
1996. 10. 25	설립추진 준비위원회 구성(준비위원장 김학규 선출)
1996. 11. 29	발기인 총회 개최
1997. 1. 22	창립총회 개최(초대이사장 김학규 취임)
1997. 3. 10	재정경제원 설립인가(인가번호 03-249호)
1997. 3. 18	법인등기(134541-0000251)
1997. 3. 25	개점식 및 업무 개시
1997. 4. 11	신협중앙회 안전기금 가입
1997. 4. 14	신협중앙회 공제사업 승인
1997. 5. 15	신협경기연합회 회원조합 승인
1998. 2. 20	제1차 정기총회 개최
1998. 3. 2	온라인 제휴업무 개시
1998. 10. 10	자산 100억 원 달성
1999. 2. 4	제2차 정기총회 개최
1999. 12. 26	신협 산악회 결성
2000. 2. 16	제3차 정기총회 개최(이사장 김학규 취임)
2000. 2. 16	수지신협 홈페이지 개설(www.sujicu.co.kr)
2000. 12. 1	조합사무실 신사무소 이전(풍덕천동 1082-8)

2001. 2. 5	제4차 정기총회 개최
2001. 3. 20	자산 200억 원 달성
2001. 9. 20	금융결제원 가입
2002. 1. 30	제5차 정기총회 개최
2002. 10. 18	365자동화 코너 운영
2003. 12. 12	제6차 정기총회 개최
2003. 12. 31	자산 327억 원 달성
2004. 2. 11	제7차 정기총회 개최(이사장 김학규 취임)
2004. 5. 11	기흥지점 개점
2005. 12. 31	자산 612억 원 달성
2006. 9. 5	신협 여성문화체험봉사단 결성
2006. 12. 31	자산 798억 원 달성
2007. 6. 29	죽전지점 개점
2007. 12. 31	자산 931억 원 달성
2008. 2. 6	제11차 정기총회 개최(이사장 이원구 취임)
2008. 12. 18	수지신협 산악회 분할(본점 산악회와 기흥지점 산악회)
2009. 12. 31	자산 1,467억 원 달성
2010. 6. 2	초대이사장 김학규 용인시장 당선

2010. 12. 31	자산 1,787억 원 달성
2011. 4. 26	상현지점 개점
2011. 12. 31	자산 1,995억 원 달성
2012. 2. 14	제15회 정기총회 개최(이사장 이원구)
2012. 5. 21	문화복지센터 부지 매입
2013. 12. 31	자산 2,507억 원 달성
2014. 12. 31	2,559억 원 달성
2015. 12. 31	2,775억 원 달성
2016. 2. 18	제19차 정기총회 개최(이사장 이기찬 취임)
2016. 12. 31	자산 3,492억 원 달성
2017. 12. 31	자산 4,568억 원 달성
2018. 11. 21	신협 문화센터 및 동천지점 건물 취득
2018. 12. 31	자산 4,958억 원 달성
2019. 5. 20	문화센터, 동천지점 개점
2019. 12. 31	자산 5,800억 원 달성
2020. 12. 31	자산 6085억 원 달성
2021. 6. 22	카페어부바, 대여금고 서비스 개시
2021. 12. 31	지역사회공헌 인정기업 선정(보건복지부, 한국사회복지협의회 (인증)
2021. 12. 31	자산 7,234억 원 달성

수지신협 역대 임원 현황

구분	이사장	이사	감사	취임일자
1기	김학규	부이사장 나종개 김준식, 김형범, 박종화, 김덕기, 전하현, 이원구, 최병설, 한상환(1998. 12. 28 취임)	김성태 문광성 김홍혁	1997. 1. 22
2기	김학규	부이사장 이원구 김덕기, 이규석, 김준식, 최병설, 김형범, 이언희, 한상환	김성태 문광성 김홍혁	2000. 2. 16
3기	김학규	부이사장 이원구 김준식, 최병설, 김홍혁, 이상학, 김종규, 오택무, 김문식	김성태 문광성 김운기	2004. 2. 11
4기	이원구	부이사장 김성태 최병설, 김종규, 오택무, 김문식, 김운기, 임춘수, 이구섭	김홍혁 이상학 이건한	2008. 2. 26
5기	이원구	부이사장 김성태 최병설, 임춘수, 이구섭, 이찬영, 이흥열, 최재혁, 장영호	이상학 이건한 최재관	2012. 2. 14
6기	이기찬	부이사장 이상학 이구섭, 이찬영, 장영호, 최재관, 이정근, 김용찬(2018. 6. 21 사퇴)	최재혁 유재오 윤광호	2016. 2. 18
7기	이기찬	부이사장 이상학 이구섭, 이찬영, 장영호 최재관, 이정근, 윤광호	최재혁 박승명 유재오	2020. 2. 13

조합원 가입 안내

조합의 주인은 조합원입니다!

조합원이 된다는 것은 신협의 주인이 된다는 의미입니다.
모든 조합원은 동등하게 신협이 제공하는 모든 금융서비스와 일반 프로그램의 혜택을 받으며,
조합이 창출한 이익을 공유하게 됩니다.
조합원 한 분, 한 분 소중하게 모시는 신협. 더불어 사는 삶과 나눔의 기쁨이 있는 곳, 신협의 중심은 언제나 사람입니다.

- **조합원 가입 안내(가입 자격)**

우리 신협의 공동유대는 용인시 전 지역 주민이거나 근무지가 용인시일 경우입니다.

• 가입절차

- 신분증 및 인감 지참
  주민등록증 또는 실명확인증표(운전면허증, 장애인등록증, 공무원증, 여권, 국가유공자 중 등)

- 대표자 신분증, 사업자등록증, 통장, 법인인감 증명서
  대리인 방문 시 가입자의 신분증 외 위임장을 지참하셔야 합니다.(고객에 따라 징구서류가 다를 수 있으니 사전에 문의하시기 바랍니다.)

• 조합원 가입 시 필요한 지참물

- 구비서류를 준비하여 당사 영업점을 방문
- 조합원 가입신청서를 작성 후 출자금을 납입하면 조합원 가입이 됩니다.

• 출자금 납입

출자금은 1좌 이상 납입하셔야 하며, 1좌 금액은 50,000원입니다.

• 신협은?

- 신협은 "자조, 자립, 협동"의 정신을 바탕으로 1960년 설립된 자익 금융기관으로 신협법에 근거를 두고 운영되고 있습니다.

- 신협은 지역주민이나 직장, 또는 단체의 구성원이 자발적으로 모여 설립한 민주적 민간협동조합입니다.
- 신협은 조합원들의 근검, 절약을 통해 저축하고, 조합원이 필요할 때 대출을 해주는 비영리 금융기관입니다.
- 신협은 모든 조합원이 공동으로 출자하고 설립해서 공동으로 운영하므로 조합원이 주인이자 이용자이며 경영자입니다.

• 조합원의 권리

- 조합을 통해 저축할 권리와 대출받을 권리가 있습니다.
- 조합의 회의에 참석하여 발언하고 투표할 권리가 있습니다.
- 조합원은 공평하게 출자배당을 받을 권리가 있습니다.
- 조합원은 임원이 될 권리와 임원을 선출할 권리가 있습니다.
- 조합원의 저축은 안전하게 보호받을 권리가 있습니다.

• 조합원의 의무

- 조합원은 출자금을 납입할 의무가 있습니다.
- 조합원의 조합의 자금 조성에 협력할 의무가 있습니다.
- 조합원은 조합의 회의에 참석할 의무가 있습니다.

• 조합원의 탈퇴

- 조합원은 언제든지 스스로 의사에 의하여 자유로이 탈퇴할 수 있습니다.
- 탈퇴 시에는 본인의 출자금과 예탁금, 적금을 찾아갈 수 있으나 조합에 대한 채무관계는 정리하셔야 합니다.

수지신협 사회공헌 행사

• 감자나눔

수지, 기흥지역 휴경농지에서 수지구, 기흥구 기관 단체 협의회가 직접 경작한 감자를 수지신협에서 매입하여 기관단체 협의회에서는 지역 불우이웃 돕기에 사용하고, 수지신협에서는 조합원 환원사업의 일환으로 햇감자를 조합원에게 제공하여 지역기관단체의 봉사활동을 신협 조합원에게 간접적으로 홍보하는 일석이조의 효과를 거두게 되었다.

• 청소년 거리정화

수지신협 조합원의 청소년 자녀들과 수지구 및 기흥구 일대의 거리정화 봉사활동을 통하여 지역사회를 깨끗이 하고 수지신협의 대외 이미지를 높이는 역할이 되었다.

• 조합원 독감 예방

조합원과 조합원 가족의 건강증진을 위하여 저렴한 비용으로 독감 예방접종을 실시, 조합원 및 조합원 가족에게 독감 비용을 조합에서 일부 부담했다.

• 모종 나눔

아파트 주민이 대다수인 조합원님들께 텃밭이나 베란다에서 재배할 수 있는 모종을 무상으로 나누어 드리는 행사였다.

• 사랑의 열차 이어달리기(2021)

수지신협이 매년 참여하는 행사이며 사회공헌 활동으로 용인시에서 진행하는 '사랑의 열차 이어달리기'는 주변의 소외계층을 돌아보며 돕기 위한 행사의 일환으로 매년 당기 순이익에 일정 부분을 관할 주민센터에 기탁하고 있다.
수지신협은 온 세상 나눔 캠페인, 용인문화재단 예술 장학사업 등 많은 사업에 참여하고 있다.

• 청소년과 함께하는 어르신 조합원 스마트폰 교육

스마트폰 사용에 어려움을 겪는 어르신 조합원을 대상으로 스마트폰 기본 사용법부터 다양한 어플 사용방법을 제공하고 이를 통해 스마트한 생활, 세대 간의 소통과 공감을 가능하게 하고자 하는 행사였다.

• 수지신협 산나물 축제

조합원 환원사업의 일환으로 조합원 참여 축제 행사였다.

• 알밤 줍기

수확의 계절 가을을 맞이하여 조합원 환원사업의 일환으로 밤나무가 많기로 유명한 공주시 정안면에서 수지신협 가족 알밤 줍기 체험 행사를 개최하여 도시에서 느낄 수 없는 가을 농촌생활 체험을 제공하게 되었다.

• 수지신협 배 유소년 축구대회

지역사회 환원사업으로 유소년에게 축구를 통하여 꿈과 희망을 펼칠 수 있는 기회를 제공하고 지역사회와 유대관계를 형성하는 계기가 마련되었다.

• 헌 옷 수거를 통한 기부

의류, 신발 등 조합원의 헌 옷을 수거하여 판매하고 그 수익금에 상응하는 조합 지원금을 합하여 지역사회 취약계층에 기부하는 행사다.

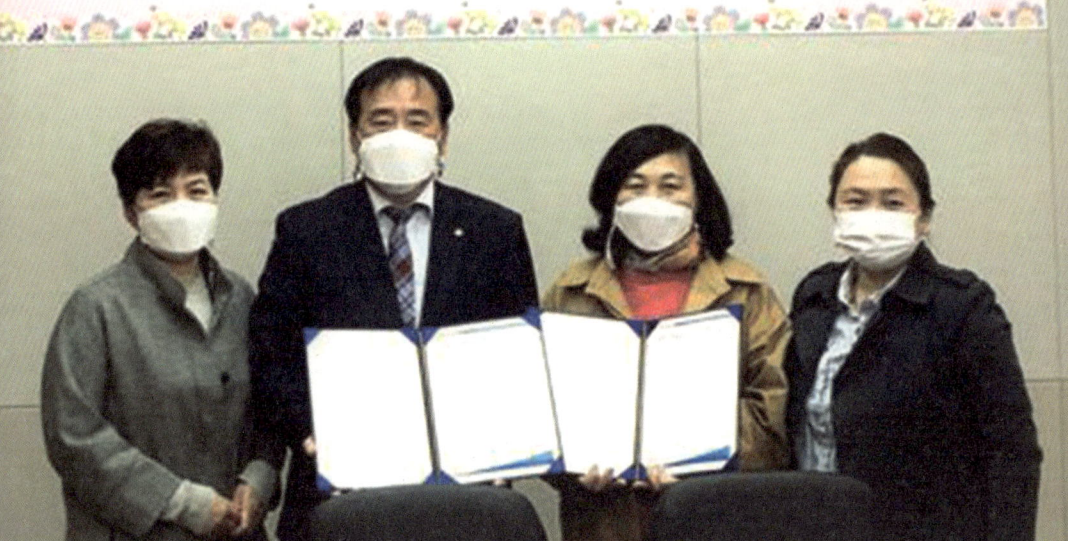

- **어부바 멘토링**

주최: 신협 사회공헌재단
주관: 한국사회복지협의회
후원: 보건복지부
성과: 보건복지부장관상 수상

신협 어부바 멘토링은 전국 신협과 인근 지역아동센터의 결연을 통해 신협 임직원이 지역아동센터 아동들의 멘토가 되어 아이들의 건전한 성장을 돕는 멘토링 프로그램이다. 신협 사회공헌재단은 2016년부터 보건복지부 산하 한국사회복지협의회와 공동으로 추진하고 있다.

• 카페 어부바

청년 일자리 창출을 위해 카페를 지역 청년들에게 무상임대를 주고 마을 청년과의 상생, 협력을 통하여 어부바 의미를 실천하는 행사다.

• 수지신협 본점 산악회, 수지신협 기흥지점 산악회

• 수지신협 산악회 해외산행

수지신협 문화센터 소개

　수지신협 문화센터는 2019년 6월 정식 오픈하였다.
　문화센터는 총 6개의 강의실과 1개의 공연장이 마련되어있으며 문화센터의 강의는 400여 개의 강의로 구성되어 많은 지역주민들과 조합원들이 이용하고 있다.
　진행하고 있는 강좌는 인문학, 미술, 공예, 건강 피트니스, 영유아, 청소년 그리고 온 가족이 함께 하는 패밀리 이벤트가 토요일 날 격주 형식으로 진행이 되고 있다.

수지 신협의 인기강좌

• 기구 필라테스

　기구 필라테스는 넓은 강의실과 소수 정원 인원으로 강사와 회원 간의 소통이 원활하게 이루어지고 있으며 저렴한 가격으로 회원에게 제공함으로써 연속적인 등록이 가능하게 함. 꾸준한 운동의 효과를 얻을 수 있는 프로그램이다. 또한 월~토요일까지 운영함에 따라 회원들은 원하는 시간을 선택의 폭을 넓혀 더 많은 사람들이 운동을 할 수 있도록 프로그램을 구성하고 있다.

• 베이킹

넓고 쾌적한 시설을 자랑하는 신협의 요리실은 외부에서도 강의 진행하는 모습을 볼 수 있도록 유리벽으로 강의실 마감을 하였으며 강사와 멀리 떨어져 있는 자리에서도 강사가 요리를 진행하는 모습을 볼 수 있도록 카메라 캠을 설치하여 빔으로 쏘아 모든 회원들이 부족함 없이 요리 과정을 확인할 수 있도록 만들어진 강의실이다.

수지 신협은 요리실을 이용하여 지역 독거노인들에게 빵을 만들어 기부하는 봉사 활동도 같이 진행하고 있다.

• 어린이 과학 교실

어린이, 청소년 강좌는 주말 반으로 편성하여 아이들이 오전부터 늦은 오후까지 문화센터에서 다양한 강좌를 할 수 있도록 강의 편성이 되어있다.

그중 과학 실험 수업은 학교에서 과학 수업을 함에 있어 부족한 실험수업의 충족을 해주는 수업으로 어린이 수업 중 가장 인기 있는 수업이다.

수업은 주로 조별 실험 실습으로 이루어지며 고학년 친구들은 생물 해부 실습도 함께 진행하고 있다. 그 외에도 많은 강의가 진행되고 있어 지역 주민들에게 인기가 있다.

• 수지 홀(공연장)

입체 서라운드 음향 시스템과 공연 조명 시설을 갖추고 있는 공연장으로 다양한 강좌와 영화 상영을 할 수 있는 수지신협의 자랑입니다.

문화센터 인문 강의실

• **인문 & 미술**

인문학과 외국어 수업 그리고 미술 수업을 하는 강의실입니다. 통유리로 되어있어 외부 전경을 보며
수업을 할 수 있는 강의실입니다.

• **로비**

차분한 컬러의 목제와 벽 마감재를 사용하고 통유리를 통해 전경을 바라보며 갤러리 감상 책 읽기, 차 한 잔의 여유를 즐길 수 있는 공간입니다.

• **엄마랑 아가랑**

소중한 우리 아가와 함께하는 공간으로 아가들의 인지발달과 신체 발달을 도와주는 강의실입니다.

옥상정원

- **옥상정원**

  사계절별로 아름다움을 간직하고 있는 예쁜 정원으로 누구나 이용할 수 있는 도심 속 자연 공간입니다.

- **요리교실**

  편안한 동선 쾌적한 실내를 자랑하는 요리실입니다. 베이킹부터 사찰요리 양식 등 다양한 요리를 만들 수 있습니다.

- **기구 필라테스**

  전문 강사진들과 함께하는 기구 필라테스 전용 강의실입니다. 넓은 공간 소수정예로 진행되는 수업이며 회원님들의 편의를 위해 별도 샤워실도 겸비하고 있습니다.

- **피트니스 & 댄스**

  넓은 홀, 전면 거울, 음향 시스템이 갖추어진 피트니스 & 댄스 전용 강의실입니다.

수지신협 문화센터는 쾌적한 환경과 다양한 강좌로 회원 여러분들과 함께하고 있습니다.

앞으로 더 다양하고 알찬 강좌를 제공하고 회원님들과 함께 만들어가는 수지신협 문화센터가 되도록 노력하겠습니다.

이사장님 인사말 모음

• 1기

수지신협 조합원 여러분! 반갑습니다.

싱그러운 연록의 나뭇잎이 짙어지는 계절에 그간 우리 조합의 숙원 사업이었던 문화센터가 봄꽃처럼 화사한 모습을 갖추어 개관하게 되었습니다. 아담하고 깨끗한 분위기와 정성스러움으로 준비한 공연장, 강의실, 요가&댄스실, 요리실, 다목적실, 전시실 등이 새로운 문화활동 공간으로 선을 보입니다.

아직 개관으로는 미흡한(자체 홈페이지 구축 등) 부분도 있지만 더 이상 개관을 미룰 수가 없어 이번 여름학기(6-8월)부터 개관을 하고 부족한 부분을 차츰 보완해 갈 생각입니다.

실무 경험이 풍부한 실장도 특별 채용해 관계 직원을 배치했고 수준 높은 수도권 유명 강사진을 구성해 조합원님 여가선용과 문화생활에 도움이 될 프로그램 100여 개 강좌로 시작해 200여 개로 점차 확대해갈 계획입니다.

수지신협문화센터가 개관되었음을 기쁜 마음으로 전해드리면서 다양한 문화 활동을 통해 조합원님의 삶의 질 향상에 행복을 만들고 나누는 지역 사랑방 역할을 하는 문화센터가 되기를 기대해 봅니다. 늘 건강하시고 행복하시길 바랍니다. 감사합니다.

• 4기

존경하는 조합원 여러분!
그리고 수지신협 문화센터를 사랑하고 아껴주시는 지역주민 여러분 새해가 힘차게 밝았습니다. 봄을 기다리는 마음과 새로움을 준비하는 설렘으로 봄학기 (4기)강좌들을 정성껏 마련하였습니다. 이곳에서 친구와 이웃 간의 정겨운 담소도 나누시고, 조합원님의 행복을 차근차근 쌓아보시길 권유해봅니다.
올해도 활짝 웃는 한 해가 되시길 기원드립니다.

• 5기

수지신협문화센터 회원 여러분
천고마비의 계절인 가을이 왔습니다.
코로나19로 지친 몸과 마음을 달래줄 다양한 강좌가 준비되어 회원님들께 인사를 드립니다.
오래 기다려 주신 만큼 더 만족하실 수 있는 문화센터를 만들기 위해 방역은 물론 탄탄한 강좌 구성까지, 새롭게 정비하였습니다.
수지신협 문화센터를 통해 소소하지만 행복하고 건강한 가을을 보내시길 기원합니다.

• 10기

수지신협 조합원 가족, 문화센터 회원 여러분!

새싹이 자라 녹음이 우거져 햇살이 부서지는 여름이 왔습니다.

코로나19로 지친 몸과 마음을 달래줄 다양한 강좌가 준비되어 회원님들과 조합원님들께 인사를 드립니다. 수지신협 문화센터는 누구나 편하게 이용할 수 있도록 항상 오픈되어 있습니다.

탄탄한 강좌 구성과, 온 가족이 함께 이용하실 수 있는 공연까지 새롭게 정비하였습니다.

수지신협 문화센터를 통해 소소하지만 행복하고 건강한 여름의 추억을 만드시길 기원합니다.

언론 기사 모음

지역주민, 조합원 함께하는 문화활동공간
수지신협문화센터 탄생

■ 수지신협 문화센터 개소

지역주민과 수지신협 조합원의 여가·문화생활을 책임질 문화활동공간 '수지신협문화센터'가 12일 개소식을 가졌다.
수지 신용협동조합(이사장 이기찬)의 숙원사업이었던 수지신협문화센터는 유명 작가들의 작품을 감상할 수 있는 것은 물론 간단한 다과도 즐길 수 있다. 아울러 서라운드 음향시스템을 도입한 공연장 등은 향후 전문가들이 가장 유용하게 사용할 공간으로 쓰일 예정이다.
이 밖에도 전문 요리교실, 강의실, 하늘정원 등을 갖춰 지역주민과 조합원이 문화생활을 편히 즐길 수 있는 완벽한 시설을 자랑하고 있다.
이기찬 이사장은 "다양한 문화생활을 통해 삶의 질 향상은 물론 행복을 만들고 나눌 수 있도록 지역의 사랑방 역할을 하는 명품

문화센터로 자리매김하길 기대한다"라고 말했다.

용인-김승수 기자

용인 수지신협 이기찬 이사장
"지역과 함께 크는 금융허브 도약"

"조합원과 지역주민의 삶의 질 향상을 위해 헌신하는 수지신협이 되겠습니다."

수지신협이 최근 조합원과 지역주민의 문화생활을 위해 문화센터를 개관하면서 남다른 주목을 받고 있다. 문화센터에는 회원 편의를 위한 셀프카페를 비롯해 유명 작가의 작품을 항상 감상할 수 있는 갤러리 등이 들어섰다. 게다가 문화센터 각 강의실에서는 유명 셰프의 요리강의부터 필라테스, 우쿨렐레, 인문학, 외국어 수업 등 다양한 프로그램이 상시 진행되고 있다.

이처럼 수지신협이 조합원과 지역주민의 문화생활 영위를 위해 문화센터를 개관하기까지는 이기찬 이사장이 있었다. 이 이사장은 "조합원과 지역주민의 삶의 질을 향상시키고자 문화센터를 개소하고 다양한 강의 프로그램을 만드는 등 노력을 기울이고 있다"며 "유명 강사진을 통해 조합원과 주민 모두 만족할 수 있는 수준 높은 프로그램을 진행하겠다"라고 말했다.

특히 수지신협은 다양한 사회공헌 활동을 통해 지역사회 나눔을 적극 실천하고 있다. 사랑의 열차 이어달리기 운동 후원, 강원도

산불피해 성금 모금, 수지신협 배 유소년 축구대회 개최, 수지신협 여성문화체험 봉사단 해외봉사 등의 활동을 펼치고 있다.

또 지난해 수지지역아동센터와 신협 어부바 멘토링을 시작해 올해 2번째 사업을 진행하고 있다. 사업을 시작한 지난해에는 멘토링 우수조합으로 선정돼 최고 영예인 보건복지부장관상을 수상하기도 했다.

이기찬 이사장은 "앞으로도 사회공헌 활동을 게을리 하지 않고 지역사회와 수지신협 모두의 발전을 위해 최선을 다해 노력하겠다"라고 말했다.

한편, 수지신협은 올해 4월 말 기준 자산 5천여 억 원, 조합원 2만 6천여 명의 지역신용협동조합으로 성장했다.

용인-강한수·김승수 기자

수지신협의 든든하고 따뜻한 위로… 시민 건강 챙긴다

이기찬 수지신협 이사장
코로나19로 지역사회가 침체에 빠져있는 요즘 시민들에게 따뜻한 위로를 전달하는 곳이 있어 화제다.
문화센터는 지난 2019년 6월 처음 개관한 뒤 조합원뿐만 아니라 지역 주민들에게도 퀄리티 높은 강좌를 제공하고 다양한 문화체험을 할 수 있도록 일일 특강을 하면서 지역사회 문화생활에 활력을 불어넣어 왔다.

특히 영유아부터 제2의 인생을 준비하는 시니어까지 모든 연령대가 이용할 수 있는 다양한 강좌를 기획 운영해 지역 문화기관의 핵심으로 자리 잡았다.

하지만 문화센터 역시 코로나19 사태를 피해 가지 못했고 시민들을 대상으로 해오던 강의도 중단됐다. 그렇지만 문화센터는 코로나19 탓만 하고 있지는 않았다.

많은 사람들이 코로나 블루를 겪는 현실을 파악하고 방역수칙을 지키며 수업 인원을 소수정예 반으로 진행했다. 또 실내 강의실을 벗어나 옥상정원을 이용한 다채로운 기획 강좌를 펼치고 있다.

문화센터는 코로나 장기화에 따른 대비로 ▲언택트 랜선 여행 강좌 ▲외부 천문학습 별자리 이야기 ▲코로나로 지친 마음 달래는 식물 테라피 ▲건강한 정신과 신체를 위한 줄넘기·명상요가 ▲옥상 식물의 광합성 이야기 ▲코로나 블루 극복을 위한 심리학 강좌 등 조합원과 지역사회 시민들의 정신·신체건강에 힘쓰며 따뜻한 위로를 건네고 있다.

이밖에도 수지신협은 헌 옷 기부행사, 사랑의 열차 이어달리기 지정기탁 기부금, 저소득 어르신 사진촬영, 어르신 스마트폰 교육, 이웃에게 난방용품 전달 등 지역사회 공헌에도 앞장서고 있다.

이기찬 수지신협 이사장은 "코로나 블루로 힘들어하는 지역사회

시민과 조합원들이 문화센터와 함께 극복하기를 바란다"며 "앞으로도 새로운 강좌를 구상하고 만들어 갈 것이다. 모두가 함께 방역 수칙을 잘 지켜 다시 한 번 평범한 일상으로 돌아가길 바란다"라고 말했다.

용인-강한수 · 김승수 기자

이기찬 수지신협 이사장…
"성장의 원동력인 지역사회에 이익 환원 앞장"

"수지신협의 성장 원동력인 지역사회에 이익을 나누고 환원하는 것은 모두가 상생하는 첫걸음입니다"
'용인 수지신협을 스케치하고 색을 입혀주신 분'
이기찬 수지 신용협동조합 이사장(60)을 두고 직원들이 내린 정의다.
지난 1997년 수지신협 설립 발기위원으로 수지신협과 인연을 맺은 이 이사장은 지역사회 발전과 사회공헌을 위해 25년을 달려왔다.
그는 신협의 성장 비결로 조합과 사회공헌이 상생해야 한다는 일념 아래 활동을 이어갔다.

그동안 문화복지의 불모지로 지적됐던 수지구 동천동에 지난 2019년 수지신협 문화센터를 개관해 조합원들과 지역주민들을 위한 공간을 마련했다.

수지신협 문화센터는 작품 전시, 영화 상영, 취미생활, 금융서비스는 물론 문화와 쉼을 제공하는 등 차별화된 운영방식으로 동천동을 대표하는 랜드마크로 발돋움했다. 여기에 더해 용인시 축구꿈나무를 위한 '수지신협 배 유소년 축구대회', 지역아동센터 아이들의 건전한 성장을 돕는 '신협 어부바 멘토링' 등 다양한 활동을 펼쳐오고 있다.

이 밖에도 그가 이끄는 수지신협은 지난해 7천만 원을 기부하는 등 지역사회를 위해 전폭적인 지원을 아끼지 않는 가운데 기부금액을 매년 확대할 계획이다.

최근에는 마을 청년들과의 상생에도 노력하고 있다. 그는 재투자되는 선순환 모델을 만들어 지역청년의 자립을 돕고자 수지신협 동천지점 옆에 붙어 있던 매장을 사들여 '청년 협동조합180'에 무상임대하고 지난달부터 함께 카페 어부바를 운영하고 있다.

카페 수익금은 기금으로 적립돼 지역 청년의 자립과 일자리 창출에 사용되며 성공적인 사회공헌 모델을 제시하고 있다. 현재 수지구를 중심으로 카페 어부바를 비롯해 총 5개의 점포가 운영되고 있다.

그는 안정적인 수익과 재무 구조를 기반으로 지역사회 환원과 기부를 점차 확대해 나간다는 각오다.

이기찬 이사장은 "우리 조합이 사회적 기업으로 성장하고 지역사회 환원과 기부를 확대할 수 있었던 것은 수지신협을 믿고 이용해주신 조합원님과 지역주민들 덕분"이라며 "앞으로도 다양한 환원 행사와 금융혜택을 제공하는 것은 물론 직원들에게 자랑스러운 직장이 되도록 바람직한 직장문화를 만들어 나갈 것"이라고 말했다.

용인-강한수 · 김현수 기자

수지신협문화센터 · 동천지점 '오픈'

[용인신문] 수지신용협동조합(이사장 이기찬)은 지난 12일 지역주민 및 내 · 외빈 등 100여명이 참석한 가운데 수지구 수풍로 107에서 수지신협문화센터 및 동천지점 개점식을 진행했다.

박소현 전 MBC아나운서의 사회로 진행된 이날 개점식은 식전공연으로 팬텀싱어 출신 인조가 어설픈 듯 묘한 공연으로 1시간여

동안 관중들을 사로잡았다. 서라운드 음향시스템을 도입한 공연장인 문화센터 수지홀에서의 첫 공연은 살아있는 웅장한 음향을 직접 느낄 수 있는 좋은 기회가 됐다.

이어 이홍복 전무는 "지난 2011년 문화센터 부지 조사를 시작해 2019년 5월 인테리어 공사를 완료했다"며 "1층 동천지점 548.74㎡, 4층 문화센터 1708.36㎡, 5층 문화센터 및 사무실 623.90㎡, 옥상정원 622㎡로 총 3503㎡ 규모"라고 경과보고를 진행했다.

기념식에서 백군기 시장은 "수지신용협동조합 동천지점 개점을 진심으로 축하한다"며 "지역경제 활성화는 물론 지역사회와 상생하는 큰 역할을 해달라"고 당부했다.

이기찬 이사장은 "지역과 함께 하는 수지신협이 될 것"이라며 "지역에의 사회공헌활동은 물론 이번에 개관한 문화센터를 이용해 조합원은 물론 지역사회 복지에도 모범을 보일 것"이라고 말했다.

수지신협문화센터는 지역민들에게 금융서비스는 물론 인문학, 외국어, 건강, 예술, 요리, 음악 등 다양한 문화강좌를 위해 실무경험이 풍부한 직원을 특별 채용했다.

유명 강사진의 수준 높은 프로그램 구성은 문화센터의 역할을 충분히 이행할 것이며 현재 140여 강좌를 개설했지만 앞으로 강좌를 점차 확대할 계획이다.
지난 1997년 설립된 수지신협은 올해 4월말 기준 자산 5000여억원, 조합원 2만 6396명의 지역신용협동조합으로 성장했다. 매년 5월경 수지신협배 유소년축구대회, 연2회 어르신조합원 스마트폰 교육, 매년 10월경 독감예방접종, 매년 추석전 알밤줍기체험, 수지구청에 이웃돕기 성금 전달, 용인소방서에 수고하는 소방관을 위한 응원물품 전달 등 공공기관에의 응원 후원금도 함께 했다.

조합 성장의 원동력인 지역과 조합원은 물론 연계된 지역사회에의 환원사업도 게을리 하지 않고 있다. 헌옷수거 후원사업은 수지신협에서 헌옷을 수거해 판매한 다음 그 판매한 금액만큼을 수지신협이 추가해서 전달하고 있으며 올해 450만 원을 용인시사회복지협의회에 전달했다.

신협 어부바멘토링 사업에도 적극적이다. 신협 임직원들이 인근 지역아동센터 아동들의 멘토가 되어 경제교육, 협동게임, 문화체험 등 아이들의 건강한 성장을 돕는 프로그램으로 올해 2번째 사업을 진행 중이다. 사업을 시작한 지난해에는 맨토링 우수조합으로 선정돼 최고 영예인 보건복지부장관상을 수상한바 있다.

– 용인신문 박기현 기자

수지신협문화센터·동천지점 '오픈'

지난 7월 수지신협·수지노인복지관은 지역 독거 어르신을 위한 사랑의 빵 후원 전달식을 진행했다. 수지신협 제공
용인 수지신용협동조합(이사장 이기찬)은 지역사회와 상생하는

'사회적 책임' 역할을 다하고 있다.

10일 수지신협에 따르면 신협은 지난달 27일 수지노인복지관(관장 김전호)과 함께 지역 독거 어르신을 위한 '사랑의 빵 후원 전달식'을 진행했다.

이번 후원을 통해 7개월간 1천400여 명의 독거 어르신들에게 사랑의 빵이 전달된다.

2022년 7월 수지신협·수지노인복지관은 지역 독거 어르신을 위한 사랑의 빵 후원 전달식을 진행했다.

수지신협은 매년 조합원들을 대상으로 옷과 신발, 커텐, 가방 등을 수거해 판매하고 있다. 지난 6월에는 조합원들이 6t가량의 헌 옷을 모아 판매를 통해 550만 원의 수익금을 창출했다.

수익금은 취약계층 어르신을 비롯한 지역 내 소외이웃에게 나눠지고 있다.

수지신협은 지역사회와 상생을 위한 '신협 어부바 멘토링' 사업을 진행하고 있다.

이뿐만이 아니다. 수지신협은 지역사회를 돕기 위한 '신협 어부바 멘토링' 사업을 진행하고 있다.

신협 어부바 멘토링은 신협 임직원이 멘토가 돼 다양한 활동과 경제교육을 제공, 아이들의 성장을 돕는 교육적 활동이다.

신협사회공헌재단과 사회복지협의회가 주관하고 보건복지부가 후원한다. 멘토링 우수조합으로 선정된 수지신협은 2019년 보건복지부 장관상을, 2020년에는 중앙회장상을 수여했다.

지난해에는 수지신협에서 후원하는 지역아동센터가 우수 아동복지시설로 선정, 한국사회복지협의회장상을 받기도 했다.

이 밖에도 탄탄한 자립기반을 구축한 수지신협은 97년 설립인가를 시작으로 25년 간 흑자경영을 하고 있다. 특히 지난 7월말 기준 자산 8천 81억원을 달성하면서 인천과 경기지역 내 가장 큰 자산규모를 자랑한다.

이기찬 이사장은 "수지신협이 지금껏 걸어온 것처럼 사람이 중심이고 지역사회의 지지를 받는 조직이어야 한다는 초심을 잃지 않도록 노력하겠다. 앞으로도 꾸준히 지역사회와 함께 성장하겠다"고 포부를 밝혔다.

용인-김경수 기자

수지신협 보도자료

수지신협 어부바 멘토링 6회기,
용돈기입장 작성하며 돈 관리의 기초를 배우다.

수지신협(이기찬 이사장)은 지난 10일 수지구 죽전동에 위치한 친구와 함께 지역아동센터에 방문하여 신협 어부바 멘토링 마지막 회기를 진행하였다. 2021년 어부바 멘토링 마지막 시간인 만큼 두 가지 프로그램을 기획하여 두 배로 알찬 시간을 보냈다.

첫 번째 프로그램은 신협 사회공헌 재단에서 제공한 '한지 사각 등 만들기' 재료를 가지고 나만의 무드 등을 만드는 시간을 가졌다. 한지의 질감과 멋스러움을 느끼며 작품을 만드는 아이들의 손이 오늘따라 더 야무졌다고 한다. 재료가 부족할 땐 나눠 쓰며 서로 배려하는 성숙한 모습도 보였다.

두 번째는 용돈기입장을 작성하며 현명한 용돈관리에 대해 토론하는 시간을 가졌다. 들어온 돈, 나간 돈, 남은 돈을 용돈기입장에 차근차근 적어 내려가며 돈 관리의 기초에 대해 배웠다. 가장 어려워했던 토론 주제는 '용돈을 받으면 예산을 세우는 것이 좋은가'였다. 수지신협 멘토링 담당자는 '예산'이라는 용어가 생소한 아이들의 눈높이에 맞추어 용어를 설명해주며 계획적인 돈 쓰기의 중요성에 대해 상기시켜주었다.

이번 멘토링 6회기는 아동·청소년의 주체적인 삶과 경제활동에 도움이 되는 시간으로 마무리했다. 수지신협 이기찬 이사장은 "2021년에도 코로나19로 인해 많은 제약이 있었지만, 친구와 함께 아동센터 아이들을 위해 최선을 다해 어부바 멘토링을 기획하고 진행했다."며 "수지신협은 앞으로도 지역 아동들의 건강한 협동·경제관념 교육과 사회공헌 활동을 꾸준히 이어나갈 예정이다. 지역 주민들의 많은 관심 부탁드린다."라고 전했다.

수지신협의 어부바 멘토링 활동 내용 및 사진은 수지신협 홈페이지 및 수지신협 인스타그램 공식 계정에서 확인할 수 있다.

평생 어부바
신협

2022 한국신협운동

신협
알고싶어요!

CREDIT UNION
MOVEMENT IN KOREA

www.cu.co.kr

**Credit Union
Movement in Korea**

신협 알고싶어요

신협 소개

신협은 '인간 존중'과 '상호 신뢰'를 기반으로 한 글로벌 연대를 통해 지구촌 곳곳에서 협동과 나눔의 가치'를 실현하고 있는 협동조합이자 국제적 금융기구입니다.

현재 세계적으로 **120여 개국, 8만 6천여 개 조합에 3억 7천만 명 이상의 조합원이 가입**(2021년 12월 말 기준)되어 있으며 이들은 신협인으로서 자신들이 속한 지역을 살리는 한편 지구촌의 동반 성장을 도모하고 있습니다.

신협은 조합원이 고객이자 주인이고 금융의 주체이며 함께 잘사는 '복지사회 실현'을 최종 경영목표로 하기 때문에 폭리를 취하지 않고 이익을 조합원과 지역사회에 고스란히 환원합니다.

120 여 개국 가입

평생 어부바
신협

한국 신협의 역사

6·25전쟁 직후 경제적으로 궁핍한 사회적 혼란기에 이러한 환경을 극복하고자 메리 가브리엘라 수녀는 1960년 5월 1일, 부산에서 메리놀 병원 직원과 천주교 교우 27명을 조합원으로 우리나라 최초의 신협인 성가신협을 설립했습니다.

장대익 신부는 같은 해 6월, 서울에서 가톨릭 교인을 대상으로 가톨릭중앙 신협을 설립해 한국 신협의 확산에 불을 댕겼습니다.

그로부터 62년이 지난 후 한국 신협은 **자산 124.4조 원, 조합원 및 이용자 1,447만 명을 기록하며 세계 4위, 아시아 1위**(2021년 12월 말 기준)로 신협의 위용을 갖추게 되었습니다. 눈부신 발전을 거듭한 결과 아시아를 넘어 세계 속에 우뚝 선 것입니다.

한국신협운동의 어머니
메리가브리엘라 수녀

한국신협운동의 선구자
장대익(루도비코) 신부

Credit Union
Movement in Korea

신협 알고싶어요

협동조합과 신협은 어떤 곳인가요?

협동조합		
금융 협동조합	평생 어부바 신협	
사회적 협동조합	사회적협동조합 신협사회공헌재단	
소비자 협동조합	한살림	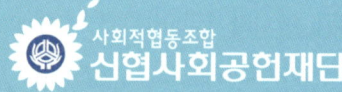 FCB
생산자 협동조합	AP　서울우유	

협동조합이란?

공동으로 소유되고 민주적으로 운영되는 사업체를 통해 공통의 경제적, 사회적, 문화적 필요와 욕구를 충족시키고자 하는 사람들이 자발적으로 결성한 자율적인 조직입니다. 이런 협동조합의 핵심은 **"나 혼자 잘 살자"**가 아닌 **"우리 함께 잘 살자"**입니다.

신협이란?

신협은 믿음과 나눔의 정신을 바탕으로 서민과 중산층을 위해 비영리로 운영되고 있는 협동조합 금융기관입니다.

지난 62년 이래 우리 신협은 문턱 높은 일반 금융기관의 금융 혜택에서 소외된 서민과 영세소상공인 등 사회·경제적 약자들의 지위 향상에 이바지해왔음은 물론 서민·중산층의 따뜻한 이웃으로 서민 경제의 든든한 버팀목이 되어왔습니다. 조합원들의 한결같은 믿음과 사랑으로 성장한 신협은 2021년 말 기준 **1,447만 명의 이용자 수, 873개 조합, 1,667개 점포 수**의 네트워크를 통해 조합원과 지역민을 위한 금융서비스는 물론 조합별로 차별화된 다양한 사회공헌사업을 펼치고 있습니다.

우리나라 협동조합 수
(2022.03. 기준)
22,610개

**Credit Union
Movement in Korea**

신협 알고싶어요

신협이 전 세계 3억 명이 이용하는 글로벌 금융기관이라고요?

평생 어부바
신협

세계의 신협은?

세계 각국의 신협들은 아시아신협연합회(ACCU), 세계신협협의회(WOCCU) 등 국제 기구를 만들어 신협운동의 확산과 발전을 위해 국가 간에 활발한 교류를 펼치고 있습니다. 전 세계적으로 UN신협, NASA신협, 하버드신협 등 세계 주요 기구, 학교 등에도 신협이 있을 만큼 신협이 활성화되어 있습니다. 신협은 1849년 독일에서 시작돼 이탈리아, 캐나다, 미국, 호주 등을 거쳐 **전 세계 118개국으로 퍼져 나간 국제조직입니다.**

한국 신협은?

국내 최초 민간주도 협동조합운동으로, 1960년 조합원 27명, 출자금 3,400환(약 10만 원)으로 시작해 전국 873개 조합(1,667개 지점), 이용자 1,447만 명 규모로 성장한 한국 신협의 자산 규모는 124.4조 원으로 미국, 캐나다, 호주 신협에 이어 **전 세계 4위, 아시아 1위**를 차지할 정도로 성장했습니다. 또한 **한국 신협은 아시아신협연합회(ACCU) 회장국이자 아시아에 유일한 세계신협협의회(WOCCU) 이사국입니다.** 여기에 더해 향후 전 세계 3억여 명 신협 조합원들의 신종 코로나바이러스 감염증(코로나19) 위기극복 대응전략 등을 총괄 진두지휘하는 코로나 대응위원장국 위치에 서게 되었습니다.

(2021년 12월 기준)

아시아 **1**위 / 세계 **4**위

Credit Union Movement in Korea

신협 알고싶어요

세계 신협 자산 규모 상위국

1위, 미국
2,238조

2위, 캐나다
456.4조

3위, 호주
134.4조

4위, 대한민국
111조

※ 2020년 말 기준, 단위 : 원

한국신협
개발도상국의 빈곤해결과 경제적 자립을 위하여 다양한 지원을 이어나가고 있습니다.

평생 어부바
신협

 전 세계 **118** 개국

 조합 수 **86,451** 개

 조합원 수 **3**억 **7,516** 만 명

 총 자산 **3,849** 조 원

※ 2020년 말 기준

**Credit Union
Movement in Korea**

신협 알고싶어요

신협과 은행은 어떻게 다른가요?

신협의 주인은 조합원입니다. 주주가 주인이고 고객은 이용자인 은행과 달리 신협은 조합원 중에서 대표가 선출되고 조합원이 총회에서 의사결정에 참여합니다. 영리를 목적으로 하는 은행과 달리 비영리 금융협동조합 신협의 이익은 출자배당, 수수료 감면, 이용고배당, 복지사업 등으로 모든 조합원에게 돌아갑니다.

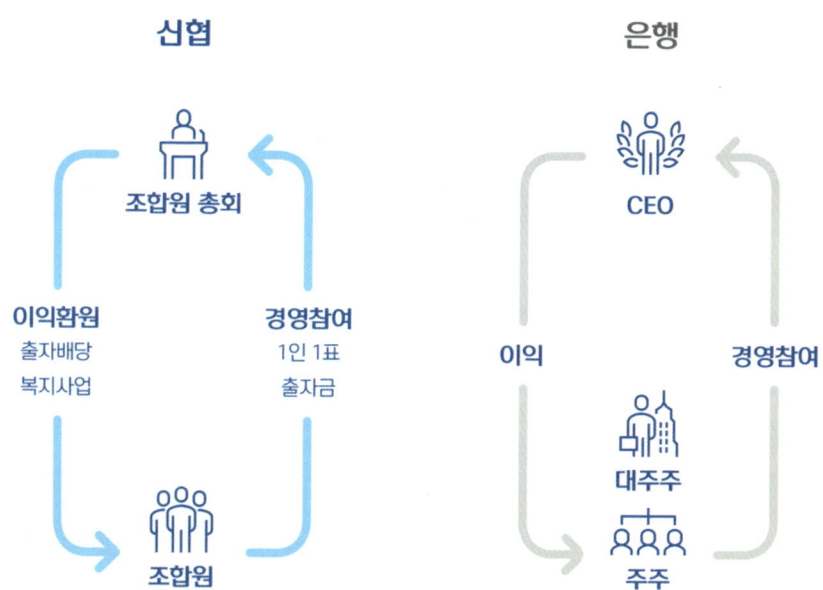

주인이 다르다?

신협은 협동조합이기 때문에 조합원 모두가 주인이지만 은행은 소수의 주주가 주인이며 외국인의 지분 소유가 높은 편입니다. 그래서 은행은 고객이 경영에 참여할 수 없지만, 신협은 이용자인 조합원들이 대표자 선출과 총회에 참여해 직접 의사결정에 의견을 낼 수 있습니다.

참여방식이 다르다?

은행의 경영 등에 대한 의사결정은 일반 기업과 같이 주주가 소유하고 있는 지분에 의해 투표권을 행사합니다. 신협의 의결권은 출자금 규모와는 관계없이 조합원 모두가 공평하게 1인 1표를 행사해 민주적으로 운영됩니다.

이익을 나누는 방식이 다르다?

은행은 이익이 생기면 외국인 등 주주들에게 배당되지만 신협의 이익은 조합원들에게 배당되거나 수수료 감면 또는 복지사업 등을 통해 조합원과 지역에 돌아가게 돼 지역 경제 활성화에 이바지하는 선순환 구조로 되어 있습니다.

**Credit Union
Movement in Korea**

신협 알고싶어요

신협에는 어떤 혜택이 있나요?

많은 금융 전문가들이 추천하는 신협의 <u>비과세 혜택</u>은 신협예금의 안전성과 함께 높은 수익성으로 조합원들께 더 큰 만족을 드립니다.

신협의 맞춤 대출과 재테크는 조합원 한 분 한 분의 모든 상황을 고려하며, 또한 조합원 복리증진과 미래에 대한 경제적 보장을 위해 비영리를 원칙으로 최대의 혜택을 보장하는 비영리 협동조합 보험인 <u>공제사업</u>을 수행하고 있습니다.

**예금 안정성으로 만족!
높은 수익성으로 더 만족!**

- 높은 배당률
- 예금자보호
- 비과세 혜택
- 금융 맞춤 서비스

신협의 배당

시중 은행들의 외국인 등 주주에 하는 배당과는 달리 신협의 배당은 서민과 지역민에게 모든 혜택이 돌아가게 됩니다. 신협의 <u>2021년 한 해 평균 배당률은 2.9%로, 당기순이익 38%에 육박</u>했고, 건전성 강화를 위한 충당금 및 적립금 외의 이익은 모두 조합원들에게 환원했습니다.

저율과세 혜택

신협 예금의 최대 매력은 단연 저율과세 혜택입니다. 일반 은행의 경우에는 15.4%의 세금을 내야 하지만 <u>신협 저율과세 예금의 경우 1인당 3,000만 원까지 농특세 1.4%</u>만 내면 됩니다.

구분	은행	신협
원금(A)	3,000만 원	3,000만 원
이율(B)	2.00%	2.00%
이자(A×B=C)	60만 원	60만 원
세율(D)	15.4%	**1.4%**
세금(C×D=E)	9만 2,400원	8,400원
세후 이자(C-E=F)	50만 7,600원	59만 1,600원

※ 실제 이율에 따라 예시와는 다소 차이가 있을 수 있습니다.

예금자보호제도

예금자보호기금은 신협법 제80조의2에 따라 신협중앙회에 설치·운영되고 있습니다. 이에 따라 <u>예금 보호 대상 금융상품의 원금과 이자를 합해 신협별 1인당 최고 5,000만 원까지 보호</u>를 받을 수 있습니다. (비조합원 및 법인도 동일한도 내 보호)

**Credit Union
Movement in Korea**

신협 알고싶어요

신협은 어떤 일을 하나요?

금융사업

신협은 조합원을 위한 다양한 금융업무를 수행하고 있습니다.
조합원과 비조합원을 대상으로 한 예탁금과 적금의 수납, 조합원에 대한 대출, 내국환, 국가, 공공단체 및 금융기관의 대리업무, 유가증권, 귀금속 등을 보관해주는 보호 예수업무, 어음할인 업무 등을 수행합니다.

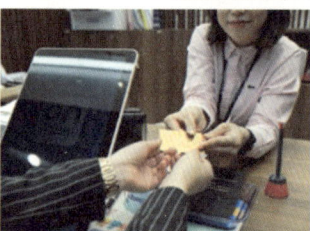

공제사업

공제(共濟)란 협동조합에서 운영하는 비영리 보험입니다.
신협은 조합원의 생활 안정과 재난 대비를 목적으로
공제사업을 시행하고 있습니다.
신협의 공제사업은 서민들의 경제여건을 고려하여
공제료 부담을 최소화하는데 초점을 맞춤으로써
조합원의 만족도를 높이고 있습니다.

지역연계사업

신협은 유통사업과 공동구매 그리고 농산물 직거래 사업에 이르기까지 조합원 생활의
질을 높이기 위해 여러 활동을 전개하고 있습니다.

- 공동구매, 유통사업, 창고업 및 장의업, 기타 이에 준하는 사업
- 생산자의 생활보장과 소비자의 안전한 먹거리를 위한 도시와 농촌 간의 농산물 직거래

**Credit Union
Movement in Korea**

신협 알고싶어요

문화후생사업

신협은 이익의 사회환원을 위해 조합원과 비조합원 모두가 자유롭게 이용할 수 있는 각종 서비스와 편의시설을 제공하고 있습니다.

- 주부대학 및 취미교실 등 사회교육 시설의 설치 및 운영
- 탁구장, 테니스장 및 체력단련장 등 생활 체육시설의 설치 및 운영
- 예식장, 독서실 등

사회복지사업

- 보육시설, 노인 및 장애인 복지시설의 설치 및 운영
- 재활용품 수거, 재생화장지 및 무공해 비누 공급 등 환경보전 운동

2021 신협 조합원 및 지역사회 환원 현황

총 2,455억 원 환원

**조합원 배당금
총 1,932억 원**

 출자 배당
1,816억 원

 이용고 배당
116억 원

**사회공헌사업
총 461억 원**

 복지사업
293억 원

 교육장학
37억 원

 기부
54억 원

 사회복지
29억 원

 임대료 감면
8억 원

 문화예술체육
8억 원

 기타
32억 원

**신협사회공헌재단
(신협중앙회)
총 62억 원**

 지역경제활성화
19.4억 원

 아동청소년 교육
지원 11.5억 원

 취약계층지원 및
후원 26.3억 원

 기타사업
4.8억 원

**Credit Union
Movement in Korea**

신협 알고싶어요

신협을 이용하는 방법은요?

신협 찾기

전국에 873개의 신협이 있으며
각 공동유대에 속한 신협에 가입하실 수 있습니다. (2021.12월 기준)

지역신협 : 주민등록주소지 또는 근무지 인근의 신협에 가입 가능합니다.

단체신협 : 종교단체, 치과의사, 건축사, 약사 등은 소속 단체에 신협이 있으면 가입 가능합니다.

직장신협 : 대한항공, 삼성물산, 세브란스 병원 등 직장에 신협이 있으면 가입 가능합니다.

조합원 가입

방법 1   신협에 직접 찾아가 조합원 가입

신분증과 공동유대 내 주소를 확인할 수 있는 서류 지참 후 조합원 가입신청서 제출

방법 2   온(ON)뱅크를 통한 비대면 조합원 가입

QR코드(안드로이드 · 앱스토어 다운로드)
온(ON)뱅크 어플에 접속, 조합원가입 메뉴를 선택해 입력사항 작성, 증빙 서류 촬영 후 제출

Google play

App Store

출자금 납입

출자금은 가입하시는 신협의 조합원이 되는 자본금으로
1좌 금액은 신협별로 상이하니, 해당조합에 직접 문의하세요.

- 조합원으로 가입하면 비과세 혜택은 물론, 총회에 참석해 의결권을 행사할 수 있고 선거권, 피선거권 등의 권리를 누릴 수 있습니다.

- 비조합원도 예적금, 대출 등 일부 금융업무를 이용할 수 있습니다.
  (단, 비과세 혜택은 받을 수 없으며, 대출에 일부 제한이 있습니다.)

제2부 영선골 뻐꾸기

나를 키워준 시간과 삶의 조각들

공룡에게는 성장제어 정보를 가진 세포들이 없다고 한다. 그래서 자기 몸을 늘일 줄만 알고 줄이지는 못해, 먹는 대로 비대해지기만 하다가 빙하기를 계기로 먹이부족 현상이 나타나며 결국 멸종해 버렸다고 한다.

우리는 살아가면서 앞을 보기도 하고 주위를 보기도 하지만 스스로 자기 안으로 들어가지 않으려 한다. 내면의 세계를 살피는 일을 소홀히 하고 있는 것이다.

맹자님 말씀에 "기르던 닭이나 개를 잃어버리면 찾겠다고 야단법석을 떨면서 훨씬 소중한 자신의 마음을 잃어버리고도 찾을 줄 모르다니 슬픈 일이다."라고 하셨다. 자기 존재를 문제 삼고 스스로 문제를 풀어가며 새로운 정체성을 찾아갈 때 비로소 타인들과의 관계는 덕목으로 이어지게 되는 것이다.

행복이나 불행은 운명에 달려있는 게 아니고 운명은 우리의 영혼을 풍요롭게 해 주는 다른 가치의 역할로 제 의무를 다하는 것이라 한다.

행복과 불행을 결정짓게 하는 것은 스스로가 주권자가 되는 일이다. 스스로에게 시선을 돌려 자신을 평가하며 관찰과 통찰을 통해 성장해 나가는 것은 삶의 흐름을 자연스럽게 잘 다듬어 나가게 되는 것이다.

우리 주위의 모든 것들은 변화를 거치면서 살아간다. 바람이나 구름도 움직임이 없다면 그 존재조차 느끼지 못한다.

살아남는다는 건, 강하거나 지능이 높다기보다 그 변화에 잘 적응하며 반응하는 것이라 본다.

어린아이가 평균 2,000번은 더 넘어져야 비로소 걸음마를 배우게 된다고 하지 않았나. 경험과 단련을 통해 스스로 성장하고 발전하는 계기가 되는 것이다.

인간의 뇌의 무게를 보면 성인을 기준으로 남자는 1.4kg 이며 여자는 1.2kg 이라한다. 사람에 따라 조금씩 다르기는 하겠지만 학설에 의하면 위대한 업적을 남긴 학자들의 뇌는 보통의 사람들보다 조금 무겁다고 한다.

물론 남자가 여자보다 뇌의 무게가 조금 더 무겁다고 해서 남자가 더 우수한 뇌를 가졌다고 할 수는 없다고 본다.

동물의 뇌를 보면 코끼리의 뇌는 4~5kg이나 되며 고래의 뇌는 8~10kg이나 된다고 한다.

뇌의 크기가 몸집에 비례한다는 내용이다. 코끼리나 고래처럼 사람보다 뇌의 무게가 많이 나가지만 사람보다 영리하지는 못하다.

아울러 쥐의 뇌는 체중의 28분의 1이라고 한다. 인간은 38분의 1이라고 하니 쥐가 인간보다 더 우수한 지구 문명의 발달에 기여하게 될지 알 수 없는 일이다.

지구는 지금 바이러스와의 전쟁 중이다.

2019년 신종 바이러스 코로나의 영향으로 세계는 사회, 경제,

문화의 흐름마저 커다란 변화를 가져왔다.

　기업, 학교, 종교단체, 식당, 등 모든 일상에도 감염방지를 위한 새로운 제도가 시행되기 시작했다.

　수많은 난제들이 직면해 있지만 그 모든 문제들을 어느 한 국가에서 해결할 수 있는 간단한 문제가 아니며 인류 전체의 운명이 하나같이 연결되어 겪어야 하는 근대문명의 재난이라 말하고 있다. 다행히 치료와 예방을 위한 의약품이 생산되고 예방접종의 효과로 2022년 4월, 거리두기 및 모임 인원 제한의 규제가 완화되고 있지만 아직도 또 다른 강력한 바이러스 전염의 공포에서 해방되지 못하고 있다.

　어떻게 살아야 할까? 생각해보면 그래도 내가 살아온 세대는 마스크 없는 청정지역에서의 아름다운 추억이라도 있지만 새로 태어나는 아이들과 젊은이들의 미래가 걱정스럽고 안타깝기만 하다.

　그런 의미에서 내가 살아온 세월을 되짚어 보며 지나간 일들에 대한 소중한 기억들을 간직하고 싶어지는 마음이 그 어느 때보다 크게 느껴진다.

　"과거를 기억하지 못하면 과거를 반복하게 된다."라는 말이 있다. 그러나 지금 같아선 나의 과거를 과감하게 꺼내보는 일도 위로가 될 수 있다는 생각이 들었다. 나를 기록하는 일, 기록이 없으면 역사도 없고 나의 세계도 존재하지 않는다.

　훗날 내가 이 세상에 없더라도 내 이야기는 남아있지 않을까 하는 생각도 든다.

　굽이굽이 걸어온 나의 길을 기록하며 내 삶의 역사 속에서 내가 존재해 있음을 느끼고 싶었다. 생각해 보면 힘든 일도 많았고 감사한 일도 많았던 시간이었다.

짧은 인생, 수많은 것들을 품고 살아왔기에 누가 감히 그 속을 들여다보는 일조차 가능했겠는가?

안으로 불성을 깨달으며 순간순간 조부모님의 가르침을 상징 자본으로 간직하고 살았던 것 같다.

늘 솔직한 마음을 덕으로 실행하며 경박하지 않는 삶이기를 기도하며 살았던 것 같다. 내 인생의 필름처럼 남아있는 과거의 추억들, 나의 정체성과 나의 인격이 담겨있을 이야기들, 기쁘거나 슬프거나 모두 삶의 한 조각들이며 그 조각들이 하나하나 맞춰져서 온전한 삶을 이루게 되는 것, 이제부터 그 조각들 하나하나 꺼내어 기억해 보는 일을 시작해 보려고 한다.

나는 1947년 12월 14일 경주 김 씨 계림군(鷄林君) 제숙공(濟肅公)의 21대 손이며 갈천공(葛川公) 김원립 선생의 12세손(世孫)으로 경기도 용인군 기흥읍 신갈리 갈천 마을(궁말)에서 태어났다.

먼저 나의 유년시절(3세~10세)을 돌아보니 곁에는 늘 나를 지켜주시던 조부모님과의 지극한 사랑이 있었다. 내 나이 세 살에 아버지가 돌아가시고 어머니와 생이별의 아픔 속에 조부모님의 남다른 사랑과 보살핌으로 부모님이 안 계신 빈자리를 외롭지 않게 보낼 수 있었다.

"시간은 홀로 아름답다"하지 않은가? 실망하고 좌절하며 견딜 수 있었던 아픔도 기쁜 일로 함께 웃을 수 있었던 조부모님의 넘치는 사랑이 있었기에 나름 행복한 기억으로 남아있다.

생각해보면 지금도 내게 존경하는 인물을 꼽으라면 조부님 김정한(金正漢) 어른의 함자(銜字)를 먼저 떠올리게 한다.

당시 경기도 용인군 기흥면의 해방 후 초대(1대) 면장을 역임하시며 면민의 존경과 신망을 받으셨고, 경주 김 씨 갈천공파 종친회 회장을 맡아 총친 들로부터 많은 덕망(德望)과 존경을 받으셨던 분이다.

조부님은 한학자로 유학에 조예가 깊으셔서 나에게 천자문과 동몽선습(童蒙先習)을 통해 삼강오륜, (군위신강君爲臣綱, 부위자강父爲子綱, 부위부강夫爲婦綱)과 (부자유친父子有親, 군신유의君臣有義, 장유유서長幼有序, 부부유별夫婦有別, 붕우유신朋友有信) 을 가르치셨고 특히 덕(德)을 강조하시며, 인간의 존엄성과 인간의 도리를 통해 '예의범절은 물론 타인에게 도움이 되는 사람이 돼라'는 교훈과 함께 '논어의 덕이 있으면 반드시 따르는 사람이 있다'라는 덕불고(德不孤) 필유린(必有隣)을 마음에 담고 성장할 수 있게 해 주셨다.

돌아보니 나의 유년기의 가장 행복했던 시간은 조부모님과 함께 세 식구만 살 때였던 것 같다.

어느 글에서 읽었는지 기억이 나지 않지만 '마음이란 백지장처럼 얇아 마음 길을 어느 결로 뒤집히느냐에 따라 고통도 분노도 기쁨도 작은 종지만 하기도 하고 우주처럼 넓어지기도 한다.'라고 했다.

조부님의 훌륭하신 가르침 영향이었을까. 내가 마음에 두고 존경하는 인물들 또한 세계적인 인물로 독일의 의사였으며 철학, 음악, 종교 등 많은 부분에 유능한 업적과 함께, 열악한 환경의 아프리카 사람들을 위해 평생 의료봉사를 펼쳤던 슈바이처 박사, 인도의 독립 운동가로 비폭력 무저항 운동가였던 민족주의 지도자 마하트마 간디 등이며 국내 인물로는 원효대사의 "진정한 진리는 참과 거짓 어느 쪽으로도 치우쳐있지 않다"라는 말씀을 마음에 새기고 있다.

훌륭한 인재들을 등용시켜 함께 연구를 통해 왕도정치를 구현하고 훈민정음 창제는 물론 과학에도 많은 찬란한 업적을 날렸던 세종대왕, 애국애족의 독립운동가인 백범 김구 선생의 "부강한 나라보다는 아름다운 나라가 되기를 원한다."라고 했던 말씀과 함께 내가 존경하는 인물이다.

대한민국의 자유주의와 인권, 시장경제 체제의 가치를 도입, 헌법으로 정착시킨 이승만 초대 대통령을 존경한다.

조부모님의 따뜻한 사랑과 가르침으로 성장하며 늘 감사한 마음이 있었지만 한편으로는 부모가 있어야 할 자리에 조부모님이 계셨다는 것에 늘 허전했었다.

어린 나이에 이별을 해서일까 나는 아버지 어머니의 모습조차도 기억에 남아있지 않아 안타깝기만 했다.

그나마 사진마저도 육이오 전쟁 당시 집에 폭격을 맞아 불에 타서 없어지며 완전히 소멸되었다. 그때 내 나이 4살이었으니 너무도 어린 나이에 감당하기 어려운 고난의 시간이 아니었을까? 누군가 한 번쯤 지나쳐 왔던 길이거나 아니면 현재 지나치고 있을 것 같은 시간의 흐름을 생각하게 한다.

조부모님의 희망이었으며 사랑과 기대를 한 몸에 받았던 나의 아버지 함자는 '김건식'으로 8·15 해방 당시 (전) 보성전문학교 (고려대 전신) 법학과에 재학 중이었다. 졸업과 함께 법조계에서 유능한 인물로 꼽힐 만큼 기대가 컸다고 한다.

청운의 꿈을 안고 학생 신분으로 학업에 전념해야 할 시기였음에도 아버지는 남보다 일찍부터 이성에 눈을 떴을까? 당시 초등학교 교사이셨던 어머니를 만나 연애를 하게 되었다고 한다.

그때만 해도 지금 젊은이들처럼 마음껏 사랑하고 자유롭게 연애를 할 수 있는 사회적 정서가 허락되지 못하는 때였으며 특히 조부님은 전통적 유교사상이 철저하셨던 분이었기에 아버지의 행동에 분노하시며 반대를 했다고 한다.

'꿈을 추구하는 용기가 있다면 그 꿈은 이루어질 수 있다'라고 생각을 했을까 아버지는 부모의 반대를 무릎 쓰고 어머니와 결혼을 하시게 되었고 '부모 이기는 자식 없다'고 결국 조부모님은 상도동에 신혼살림을 차려주시게 되었다.

행복이란 우리가 생각하고, 말하고, 행동하는 것이 적절한 조화로 유지될 때 나타난다고 한다.

그러나 아버지의 행복은 너무도 빠르게 그 조화를 깨트리며 불행의 시간을 맞아야 했다. 병환으로 결국 본가로 내려와 꿈을 펼쳐 보기도 전에 세상을 떠나셨고 어머니와 가슴 아픈 사별을 하게 되었다.

그러고 보니 살면서 절대 일어날 수 없는 게 "늘 행복한 것이다"라는 말이 맞는 것 같다.

그때 아버지 나이 24세였으며 어머니 나이는 23세의 꽃다운 나이였으니 청천벽력이라는 표현조차도 감지하기 어려운 상황이 아니었을까 생각한다.

어린 나이에 어린 자식을 홀로 맡게 된 어머니의 막막한 심정은 어떠했을까 지금은 내가 부모가 되고 보니 그 심정을 헤아릴 수 있을 것 같다.

아버지가 세상을 떠나시고 조모님의 시선은 며느리를 곱게 바라보지 못하셨을 것이다. 조모님은 당시 여성의 신분으로 지식이 많으셨던 분이셨다.

당시에 이화학당을 나오셨으니 지금으로 말하자면 신세대 여성으로 학문과 지성을 겸비한 분이셨다. 어린 손자와 어머니의 앞날에 대해 많은 고민을 하셨을 테고 결국 어머니를 강제로 떠나보내며 또 다른 세상에 나가 새로운 삶을 선택하게 하셨다. 스쳐가는 인연이었다면 스쳐가게 하는 것이 섭리라 생각한다.

결국 어머니마저 잃고 그때부터 나에게 외갓집 식구들과의 인연도 멀어지게 되었다.

부모도 없이 홀로 남겨진 나는 조부모 밑에서 자라야만 했다.

어린 나이에 조부모님과 셋이서만 살았지만 부유한 환경에서 집안에 대를 이어갈 귀한 장남이라며 나에 대한 지극한 정성과 사랑을 아끼지 않으셨다.

두 분의 인자하면서 온화한 성품과 함께 나를 바르게 키우시겠다는 신념으로 늘 예의범절 교육에는 엄격하셨으며 인간의 근본은 효(孝)와 예(禮)로 벼리가 시작됨을 강조하셨다.

특히 조부님은 덕을 강조하셨던 분으로 실제의 삶도 덕을 실천하시는 분이셨다.

조부님에 대한 많은 추억이 있지만 아직도 뚜렷이 기억에 남아있는 모습은 매년 정초가 되면 창호지에 붓글씨로 달력을 만들어 날짜 밑에 24절기를 기록한 달력을 수십 장씩 들고 이웃에게 나눠주시기도 하고 집을 새로 꾸미거나 도배를 새로 하는 집이 있으면 좋은 글귀를 적어 벽에 붙여 주시는 모습도 종종 보았던 기억이 있다.

생각해 보면 조부모님께서 주신 사랑과 가르침 덕으로 부모 없이도 내가 바르게 자랄 수 있었던 것 같다.

조부님은 나를 끔찍하게 아끼시며 집안에 모든 농기구나 심지어는 소쿠리와 멍석, 가마니에 까지도 붓글씨로 "소유자 김학규"

라 써 놓으실 정도였다.

  밥도 늘 조부님과 함께 겸상을 하며 맛있는 음식을 따로 준비해 주셨다.

  그러나 많은 사랑과 보살핌 속에서 부족함 없이 지냈지만 성장할수록 부모의 빈자리가 크게 느껴질 때가 많았다.

  특히 초등학교(초등학교) 대운동회가 열리는 날 기억을 하자면 그 당시 시대적으로 농경사회였으며 전쟁을 겪으며 경제적 빈곤이 심했던 시기였다. 점심은 주로 집에서 만든 음식을 싸들고 와서 가족단위로 둘러앉아 먹기도 했는데 가을에 운동회를 하는 관계로 음식 역시도 제철 음식인 밤을 삶아서 가져오기도 하고 고구마를 쪄오기도 했으며 계란을 삶아오기도 했던 기억이 있다.

  운동회 프로그램에 빠지지 않고 등장하는 경기가 있었는데 출발점에서 달려 나가다가 엄마를 찾아 함께 달리는 경기가 있었다.

  나는 처음에 친구들과 함께 달리다가 중간쯤 가서 슬그머니 달리기 선 밖으로 빠져나오곤 했다. 나이 드신 할머니를 붙잡고 달리기를 할 수가 없어 난감했던 기억이 아직도 아프게 남아있다.

  '온갖 실패와 불행을 겪으면서도 인생의 신뢰를 잃지 않는 사람은 대개 훌륭한 어머니 품에서 자란 사람이다.'라고 하지만 그래도 그 어머니 역할을 대신해 주셨던 조모님이 계셨다는 게 얼마나 다행한 일이었는지 참으로 감사한 마음이다.

  조모님께서는 어린 내가 측은해 보이기도 하고 잠자기 전에 칭얼거리기라도 하면 늘 구전 동화나 이솝이야기 같은 재미있는 이야기를 들려주셨다.

  내가 초등학교를 다닐 당시에 장래 희망을 묻는 선생님의 질문이 있었는데 다른 아이들은 모두 정치가, 의사, 공무원 등 당시 인기 직업으로 손꼽았던 직업을 희망했는데 나는 문학가가 되고 싶다고 대답을 했었다.

내성적인 성격과 함께 활동적인 직업을 꿈꾸기에 스스로 벅차다는 생각이 들었을 것이다.

그러다 보니 자라면서 외로움을 느낄 때면 친구보다는 문학서적을 더 가까이하게 되었으며 김소월, 윤동주, 푸쉬킨, 하이네, 시를 애송하며 많은 위로의 시간을 보냈다.

덕분에 풍부한 감성을 지니게 되어서일까 고등학교 다닐 때 여주 세종대왕 능에서 열린 백일장 대회에 나가 장원을 하기도 했으며 학교에서 문예반장으로 뽑혀 활동을 하기도 했다.

그 후 외지에서 직장생활을 하던 아저씨가 집으로 내려와 함께 살게 되었고 결혼을 하게 되어 백모와 함께 새로운 식구들이 늘어나게 되었다.

할머니에게는 새로운 손주들이 여섯이나 생기다 보니 나에게만 향하던 조부모님의 사랑도 다른 손주들까지 챙기느라 자연스럽게 중심에 있던 나의 존재감도 엷어지기 시작했고 그때부터 불행의 그림자가 드리워지기 시작했다.

노쇠한 조부모님을 대신해서 백모가 집안 살림의 주도권을 맡기에 이르렀으며 집안의 경제권은 물론 광 열쇠까지도 백모에게 넘겨졌다.

"모든 불행 중에서 최대의 불행은 과거에 행복했던 것이다"라는 말이 있다. 집안의 모든 일상사는 백부네 가족이 중심이 되었으며 비유하자면 계란의 노른자는 그들이었고 나는 흰자위로서 외톨이가 된 것이다.

유년시절을 기억하기에 가장 행복했던 시간들도 결국 그렇게 지나가고 나는 집안에서 외면당하듯 주변적 존재였을 뿐이다.

시기적으로 감수성이 예민한 사춘기를 맞으며 나는 극심한 고독과 우울함으로 성격도 바뀌어가기 시작했다.

모든 환경이 바뀌고 조모님이 정성껏 만든 반찬으로 도시락을 챙겨주시던 일들도 숙모가 살림을 하면서 반찬까지도 형편없이 김칫국물로 가방을 적시는 일이 다반사였다. 나는 반항이라도 하듯 늘 점심을 굶으면서 도시락을 열어보지도 않고 그대로 부엌에 내동댕이치듯 내려놓기가 일쑤였다.

내가 고등학교 2학년 때 아버지 역할을 대신해 주시며 나를 감싸 주셨던 조부님마저 돌아가시게 되었다.

그나마 홀로 되신 할머니를 내가 의지하기엔 조모님의 존재가 너무나 연약하고 힘이 없었으니 감당해야 할 무게가 너무나 컸던 시기였다.

"사람은 상상하는 이상으로 자기 운명의 열쇠를 가지고 있다"라는 말이 있다. 내 앞에 놓인 운명은 내가 스스로 해결해야 할 상황 앞에서 어떻게 살아야 할까? 참으로 막막한 시간이었지만 아픔을 스스로 견디면서도 시간은 여전히 나를 성장시키고 있었다.

인생은 곱셈이라 말하지 않나, 내가 제로이면 더 이상 아무 의미도 없는 것, 은인자중(隱忍自重)의 시간 속으로 들어가 견디고 희생하며 아직도 가야 할 길이 있다는 걸 마음에 새기는 시간이었다.

이별 그리고 시작

수원고등학교 2학년 때 일이다. 같은 반 친구가 밖에 3학년 상급생이 나를 찾는다는 말을 전했다. 그때는 상급생에게 잘못 보이면 하급생을 구타하는 경우도 있었고 규율이 엄격해서 규율 반에 불려가 벌을 받기가 일쑤였다.

잔뜩 겁을 먹고 나가보니 3학년 상급생이 서있었고 나를 보더니 말하길 방과 후 잠깐 할 애기가 있으니 학교 뒷동산으로 오라고 했다.

약속대로 수업이 끝난 방과 후 뒷동산으로 가니 그 상급생이 있었고 나를 향해 "네가 김학규 맞니?"하며 내 이름을 확인했다.

상급생 명찰을 보니 심○○ 으로 되어 있었다.

그러면서 본인 소개를 하는데 나의 어머니가 자신의 고모라는 말을 했다. 촌수로 치면 나에게는 외사촌 형이 되는 셈이었다.

어머니는 내가 수원고등학교에 다닌다는 소문을 들으셨고 조카가 3학년이라 졸업을 하게 되면 아들의 소식을 그마저 못 듣고 끊어질까 안타까움에 나를 만나보고 싶었던 것 같았다.

상급생인 나의 외사촌은 어머니를 만나게 해 주고 싶은데 "만나 보겠냐?"며 나의 의향을 물어왔다.

'어머니' 나에겐 참으로 낯설고 어색한 단어였다. 평소 조모님 말씀으로 어머니의 존재는 나에게 자식을 버리고 간 비정하고 가혹한 여인이었다.

조모께서 어머니에 대한 부정적 평가와 허물을 손자에게 각인시킨 이유가 있었다는 것을 내가 나이 들면서 알게 되었다.

나와 어머니의 정을 끊어 놓음으로 해서 손자와 가문에서 떠나간 며느리의 순탄한 앞날을 위해서였다.

나의 마음에 많은 갈등이 있었지만 부모와 자식 관계는 천륜이라 하지 않는가! 결국 만나야할 것 같다는 생각을 했고 약속을 잡게 되었다.

어느 음식점에서 어머니를 처음으로 뵙게 되었고 어머니는 나를 보시더니 내 손을 잡으시고 한참을 말없이 울기만 했다.

나에게 미안하다는 말씀과 함께 나를 두고 떠날 수밖에 없었던 곡절과 사연을 구구절절 설명했다.

당시 어머니 처지에선 남편을 떠나보낸 죄인의 심정으로 견디지 못할 만큼 따가운 눈총과 멸시를 받게 되었으며 결국 나를 지켜주지 못했다는 말씀을 해 주셨다.

부모 없이 자라며 겪었던 설움이 나에겐 너무나 큰 상처였기에 나에게 어머니라는 존재는 원망스러운 존재일 뿐이었다.

그러나 더 부정할 수 없는 사실은 내가 어머니를 꼭 닮았다는 걸 확인하게 되었다는 것이다.

오백생의 인연이 있어야 부부가 되고, 천생의 인연이 있어야 부모 자식이 된다고 했는데 어찌 그 많은 인연으로 만난 부모 자식이 이토록 장구한 세월 앞에 무너져야 하는지…

어머니가 말씀하시길 "너희 집에 가서 네 숙부 숙모도 한 번 보고 하룻밤 자면서 못다 한 얘기를 나누고 싶다."고 했다.

  어머니가 용기를 내서 신갈 집에 다녀갔다. 어머니는 만감이 교차하는 착잡한 마음이었으리라. 거의 이십 년 가까운 세월을 떠나 있던 옛 시댁에 다니러 온 것이다.

  숙부 숙모와 형식적인 인사를 나누고 내 방에서 하룻밤 묵어 가셨다.

  어머니는 처음이자 마지막이 된 팔베개를 나에게 해주며 나와 헤어지게 된 사연, 즉 나의 조모인 시어머니와의 갈등과 당했던 설움을 상세하게 설명했다.

  나는 그저 공허하게만 들리고 남의 나라 얘기만 같았다.

  오히려 할머니에 대한 부정적 얘기가 듣기 싫었다.

  어머니를 만났지만 특별함도 없이 덤덤한 시간을 보내며 이후로 두 차례 정도 더 만남이 있었다.

  그러나 어머니는 이미 다른 사람의 아내가 되어 아들을 셋이나 두었으며 한 가정의 살림을 꾸려가는 이상 계속되는 만남은 어머니의 처지에 부담이 될 것으로 생각되었다. 어머니를 더 이상 만나지 않고 인연을 접기로 했다.

  넓어도 좁아도 한 지붕아래 오손도손 뒹굴며 서로의 체온으로 함께 숨 쉬는 따뜻한 가족의 풍경이 얼마나 아름다운 것인지 새삼 느껴지기도 했다.

  고등학교를 졸업하고 대학 진학에 대한 문제를 백부와 의논하게 되었는데 백부 말씀이 "네가 정히 대학에 간다고 고집하면 집에 특별한 수입이 없으니 농사짓고 있는 땅이라도 팔아서 보낼 수밖에 없지 않느냐?"라고 했다.

  내가 듣기에는 대학교 진학은 하지 말라는 얘기로 들렸다.

나의 대학 진학은 현실적으로 어렵다고 판단되어 대학 진학은 군 복무 마친 이후의 숙제로 남겼다.

이젠 가족들의 의미조차도 아무런 위로가 되지 못해 감정대립이 점점 커지게 되었으며 가족들이 나를 냉소적으로 대하는 분위기에 마음이 모질지 못한 나는 큰 시련과 견디기 힘든 고통의 시간을 보내야 했다.

결국 나에겐 찬바람만 부는 이 집을 떠나야 되겠다는 절박한 마음이 군 입대라는 탈출구를 찾게 되었다.

1960년의 공화당 정권은 군대에 갔다 오지 않으면 모든 사회생활에 제약을 가했다. 특히 취직(취업)을 위해 직장에 이력서를 내더라도 군복무를 마쳐야 되다는 단서조항이 있었다. 군 미필자는 아예 이력서를 낼 자격이 없었다.

정상적인 사회인이 되려면 우선 군대부터 해결해야 했기에 나는 해병대를 지원해서 입대하게 된 것이다.

입대하기 전날에야 이미 환갑을 넘기신 할머니에게만 말씀을 여쭙고 집을 떠나게 되었다.

"몸 건강히 잘 다녀오라"며 손 흔들어 주는 사람도 없이 고향을 뒤로 하고 떠나는 내 마음은 참담했다.

그때 해병대는 1965년에 전투부대인 청룡부대 1개 여단을 월남(베트남)에 파병했기 때문에 월남에 갈 각오를 해야만 자원입대가 가능했었다.

약 1천명의 가입대 훈련병들은 진해 훈련소에 도착하여 훈련소 생활을 시작하게 되었다.

주로 가입대 기간에는 군대 생활에 관한 예비지식들과 수칙을 배우며 해병 정신에 관한 교육을 받았다.

군 생활 적응력을 시험하는 기관이라 군번을 부여 받지 않아 적응이 어려운 사람은 탈영해도 군법에 저촉이 되지 않는다는 설명도 있었다.

틈틈이 잡초제거도 하고 청소를 하면서 시간을 보냈지만 선착순 구보, 오리걸음, 원산폭격 등 심할 정도로 기합이 주어졌다.

아침 기상나팔 소리와 함께 기상해서 밤 10시가 되어야 취침을 하게 되었고 일주일을 그렇게 보내고 드디어 군번을 받고 해병이 되기 위한 훈련병이 되었다.

해병대원이 되기 위한 훈련은 칼바람 부는 진해 바닷가 훈련소 연병장에서 제식훈련부터 시작되었다.

심지어 십이월 매서운 칼바람 부는 진해 바닷물에 알몸에 헬멧만 쓰고 오른편 어깨총을 한 상태로 배꼽까지 차오른 바닷물에 들어가 제식훈련을 하기도 했다.

그때 소총은 무거운 MI이었다.

소대 벽면에 걸려있는 5파운드 곡괭이 자루에는 '어머니 사랑'이라는 빨간 글씨가 선명하게 새겨져 있다.

'빳따'를 소대장이나 교관으로부터 맞을 때는 '어머니 사랑'(?)이 너무 버거웠다.

훈련을 벋으면서 기간병 들의 복장인 빨간 명찰, 새까만 쎄무 워커가 무척 부럽게 느껴졌었다.

혹독한 훈련도 잘 견디며 지냈지만 무엇보다 견디기 어려웠던 것은 일요일에 실시되는 가족 면회였다.

다른 전우들은 "가족이 면회 왔다"며 호명을 하는데 늘 나의 이름은 빠져있었다.

편지조차 보내주는 가족도 없어 부모형제가 없다는 처절한 외로움을 가장 크게 느꼈던 시간이었다.

　훈련기간 중에서 주말은 나에게 형벌과도 같았다. 아무도 찾아오지 않는 시간을 홀로 외롭게 보내는 마음은 표현하기 어려울 만큼 우울했다.

　"원하는 것을 소유할 수 있다면 그것은 커다란 행복이다 그러나 그 보다 더 큰 행복은 우리가 갖고 있지 않은 것을 원하지 않는 것이다."라는 말이 있다.

　이미 나는 무엇을 원할 수 있는 아무것도 없었기에 기대조차 사치였지만 그래도 한 번쯤 누군가의 관심이 절실했었나 보다.

　그 당시 '나일론 면회'라 해서 가끔 친한 훈련병이 자신의 가족들과 면회하는 시간에 나를 함께 동참하게 해서 맛있는 음식을 먹기도 했는데 그때 내 마음은 고맙기도 했지만 참으로 쓸쓸했었다.

　테레사 수녀님 말씀에 "세상에는 빵 한 조각 때문에 죽어가는 사람도 많지만 작은 사랑도 받지 못해서 죽어가는 사람은 더 많다."라고 하였다.

　그 작은 사랑이 얼마나 간절하면 죽음까지 이르게 할까?

　나는 결국 태어나서 처음으로 어머니에게 편지를 쓰기로 했는데 이미 다른 가문에 호적까지 옮기고 가정을 이루며 남편과 아들 삼형제를 두고 있어 혹여 어머니 처지가 곤란해지지 않을까 염려가 되었지만 용기를 내어 편지를 쓰기로 했다.

　편지 내용을 요약하면 다음과 같은 내용이었다.

　'다른 훈련병들은 가족이 면회 오는데 저는 면회 오는 사람이 없습니다.

　어머니께서 어려우시겠지만 면회 한 번 다녀가셨으면 좋겠습니다. 만약 오실 수 없다면 용돈이라도 부쳐주셨으면 좋겠다.'는 내용을 오래전부터 간직하고 있었던 주소로 보냈다.

훈련소 입소할 때 가지고 왔던 돈도 떨어져 가고 있었다. 하루 종일 뛰어다니며 땀 흘리는 생활이라 배가 무척 고팠다.

훈련병들은 배고픔을 참다못해 '짬밥'을 움켜 먹는 사람도 있었다. 돈이 있으면 PX에 가서 빵이나 건빵 등을 사 먹을 수 있었다.

일주일 정도 지나 어머니로부터 답장이 왔다.

"학규야, 네 편지 받고 잠을 못 이루었다. 네가 힘들게 훈련 받느라 고행을 많이 하는 것 같구나. 네 심정은 이해를 하지만 네가 알다시피 내 형편이 어렵단다. 남편의 교원 박봉으로 세 아이 키우면서 빠듯한 살림을 하려니 생활의 여유가 없구나…

시간적으로도 남편 출근시키고 아이들 등교시키느라 그곳까지 갈 수도 없단다. 네가 이해해라. 정말 미안하구나."

나는 어머니에 대한 야속함에 누가 볼까봐 화장실에 가서 편지를 발기발기 찢어버렸다.

세월이 흘러서 내가 결혼하고 가정을 이루어서야 그때 어머니를 향한 원망과 야속함이 현실을 도외시한 나의 철없는 생각이었다는 것을 깨닫게 되었다.

2개월의 훈련을 마치고 드디어 빨간 명찰을 달게 되었을 때, 나 스스로 참으로 대견스러웠다.

남들이 힘들다고 하는 해병대 훈련을 나도 해냈다는 자부심과 긍지를 느꼈다.

그 후 포항 1사단 11연대(포병부대)에 배치되어 포병 교육을 1개월 더 받게 되었다. 훈련 3개월을 보내며 나에게 면회 오는 가족도 없었지만 고된 훈련 탓에 서운함마저 잊고 지내게 되었다.

당시에 해병대 복무 기간은 28개월~29개월 이었는데 1968년 1월 21일 북한에서 보낸 무장공비 김신조 일당의 청와대 습격사건으로 복무기간이 연장되어 36개월을 기록하며 1969년 10월 제대를 해서 고향 땅 신갈로 돌아오게 되었다.

고향으로 돌아왔지만 군에 있을 때보다도 제대 후가 더 힘이 들었다. 용돈이 필요해도 마음 편하게 말 할 사람이 없다보니 백모 눈치를 보게 되고 사사건건 부딪치게 되었다.
식구들과 서로 외면을 하고 지내다 보니 불면증에 시달리다 신경쇠약이라는 병원의 진단까지 받았다.
대화 할 가족이 없는 것이 나의 우울증을 더 깊게 만들었다.
급기야 서울 성모병원에 2개월간 입원까지 했었다.
몸이 군에 있을 때 보다 많이 쇠약해져 있었다. 군 제대 후 불면증에 시달리다 보니 식욕도 떨어지고 누가 따뜻하게 먹을 것을 챙겨주는 일도 없었다.
밥상 차려 놓고 내가 먹지 않으면 치워버렸다.
"먹을 테면 먹고, 싫으면 그만 둬라, 배고프면 먹겠지"하는 식의 뒷말이 들리니 내 심사만 뒤틀렸다.
사회생활에 적응하기 위해서 어느 정도 준비기간이 필요하지만 첫째는 건강이었다.
그런 것을 도와주거나 응원해 주는 가족이 없다는 것이 나의 가장 큰 불행이었다.
한방치료도 받았는데 한의원 의사는 신체적인 질병보다 환경에서 오는 마음의 병이니 환경을 바꾸고 마음의 안정이 필요하다는 처방을 내리기도 했다.
여전히 힘든 시간을 견디고 있었던 그때, 지금의 아내와 인연이 되는 계기를 맞게 된다.

 그 당시 우리 지역(기흥면)에 제약회사가 들어왔는데 아내는 그 회사 직원으로 근무하며 우리 집 근처에서 자취를 하고 있었다.

 한동네 살다 보니 우연하게 마주치는 일들이 많았다. 그러다 서로에게 호감을 갖게 되었고, 누가 먼저랄 것도 없이 자연스럽게 만나 데이트를 하게 되었다.
 시골이다 보니 만남도 논두렁길이나 나무 그늘에 앉아 이야기를 주고받는 것이 고작이었다. '사랑을 하는 것은 천국을 살짝 엿보는 것과 같다'고 했는데 누군가 내 이야기에 귀 기울여 주고 관심을 가져주고 있다는 것이 너무나 고마웠다.
 그러나 정신은 무력이 아니라 사랑과 관용으로 정복된다지만 내가 처해있던 현실과는 거리가 먼 이야기였다.

 환경의 변화가 절실하게 필요할 만큼 정신적 고통으로 건강에 많은 무리가 가고 있어서 더 이상 견딜 수가 없었으며 잠시 요양도 할 겸 혼자만의 시간을 갖고 싶어서 무작정 떠나 시흥군 산본리에 있는 암자를 찾아가게 되었다.
 마침 비구니 스님 두 분이 계셨는데 남자인 내가 휴양하려고 하는데 스님들 쓰시고 남는 방 있으면 하숙을 시켜주시기 바란다고 청을 드렸더니 원래 금남(禁男)의 도량인데, 하시며 겸연쩍어 하면서 하신 말씀이 내가 그곳을 찾아가기 바로 전날 그곳에 도둑이 들어 비구니 스님들이 무척 놀라고 두려웠다며 내가 든든한 방범대원의 역할이라도 되는 듯 방 하나를 내어주었다.
 줄탁동시(啐啄同時)라 했다. 병아리가 알을 깨고 밖으로 나오려 할 때 새끼와 어미 닭이 안팎에서 서로 쪼아 협동을 해야 쉽게 이루어짐을 비유한 말로 시점이 일치해야 비로소 이루어짐을 말하기도 하는데 마침 암자에 어려운 일이 있은 후 내가 그곳을 찾게 되었으니 쉽게 허락을 받게 된 것 같아 참으로 다행이었다. 암자에 머물며 불경과 법문을 들으며 정신수양의 시간을 보내게 되었다.

그런데 어느 날, 지금의 아내가 수소문 끝에 나를 찾아오게 되었고 건강을 되찾아 가는 내 모습을 보고 "언제든지 필요하면 연락을 하라"며 주소가 적힌 쪽지를 주고 가게 되었다.

그 후 건강이 많이 회복되었고 암자를 내려오게 되었는데 집으로 돌아가려니 발길이 떨어지지 않았다.

'가정이야말로 고달픈 인생의 안식처이며 모든 싸움이나 불행이 자취를 감추고 사랑이 싹트는 곳이며 큰 사람은 작아지고 작은 사람이 커지는 곳이다.'라고 했는데 나에게 가정이나 가족의 의미는 다르게 해석할 수밖에 없었다.

이어져야 할 인연이 있고 그렇지 못한 인연도 있는 것, 잠시 내 생각을 정리하며 인연의 선을 구분하기에 이르러 불현듯 아내가 주고 간 주소의 쪽지가 생각나서 용기를 내어 무작정 찾아가기로 했다.

책 몇 권과 옷 보따리가 담긴 짐을 들고 그녀의 집을 찾았을 때 식구들의 놀라는 표정은 아직도 기억에 남아있다.

참으로 어처구니가 없었을 텐데 그래도 나를 따뜻하게 받아 주었고 그녀의 어머니도 나를 자식 대하듯 식구로 살갑게 대해주셨다.

'미래는 선택하는 사람의 몫이고 결과는 행동하는 사람의 몫이

다.'

 공자님의 말씀대로 "원수는 잊되 은혜는 바위에 새겨라"라고 하셨으니 내 어찌 그 고마움을 잊겠는가.

 그로부터 내 나이 26살에 약혼을 하고 27살에 결혼을 하게 되었다.

 변화한다는 것은 새로운 것을 생각하기보다 이전에 있던 것들의 틀에서 벗어나는 일이다.

 삶의 가치를 사랑이라 한다. 아내를 만나 가정을 꾸리며 그동안의 있었던 틀에서 벗어나 내 인생의 새로운 전환점의 계기가 되었다.

 부유할 때 원칙을 지키기는 쉽지만 가난할 때 원칙을 지키는 것이야말로 참된 진리인 것 같다. 넉넉하지 않은 살림이지만 마음의 평화가 시작되었으니 얼마나 감사한 일인가?

 공자님 말씀에 "강물의 흐름에 따라 부드럽게 즐겁게 배를 저어라 이것이 곧 삶이다."라고 하셨다.

 가정에서 수신제가하며 명성을 얻고자 한다면 반드시 작은 일부터 착실히 행해야 한다는데 가정을 화목하게 이끌어 나가는 것이 우선이라는 생각이 들었다.

 늘 마음에 담아두고 있는 생각은 아내의 말을 가볍게 여기지 않으며 뜻을 따라 배려한다면 화목한 가정이 이루어질 것이라는 믿음이 있었다.

 모두들 나에게 공처가라 하겠지만 행복한 놀림이라 들어도, 들어도, 기분 좋은 말이다. 사랑은 두 사람의 고독한 영혼이 서로 지켜주며 기쁨을 나누는 데 있다.

법정스님의 글 중에서 "사람은 엄마에게 태어난 것만으로 인간이 되는 것은 아니다. 거기에 동물적 나이가 있을 뿐 인간으로서의 정신 연령은 부재다. 반드시 어떤 만남에 의해서만 인간은 성공하고 또 형성된다. 그것이 사람이든 책이든 혹은 사상이든 간에 만남에 의해서 거듭거듭 생성된다. 만난다는 것은 곧 눈뜸을 의미한다."라고 하셨다.

아내를 만나 결혼을 하고 한 가정을 이루며 용기와 힘을 얻게 되었으니 내 인생의 새로운 시작을 하게 된 셈이다.

결혼과 함께 역시 인생은 길다는 생각에 동감을 하게 되었고 아무리 어려운 일이 있더라고 결코 좌절하거나 초조해할 필요는 없다는 생각을 하게 되었다.

그러고 보니 언젠가 읽었던 좋은 글이 있어 적어본다.

세찬 바람은 마치 모든 것을 쓸어버릴 것처럼 숲과 나무, 잔디들을 마구 흔든다.

그러나 그것들은 쓰러졌다가도 일단 바람이 지나고 나면 다시 일어선다.

바람이 태양 앞으로 구름을 몰고 와서 갑자기 어두워질 때도 태양은 따뜻함과 빛으로 우리에게 다시 나타난다.

바람은 밤에도 가끔 달 앞에 구름을 몰고 와서 그 빛을 가린다.

바람이 움직여서 흔들지 못하는 것은 아무것도 없다.

사람은 자연과 인간관계의 집착과 그의 마음의 상념과 변화로 이래저래 흔들리고 영향을 받는다.

마음은 인종과 종교, 집착, 혈연, 인간관계, 교만, 업과 착각에 대한 강한 질풍과 같은 상태를 일으키고 큰 태풍을 불러일으켜 우리의 마음을 요동치게 한다.

그릇된 것은 늘 올바른 것을 흔들어 대는 폭풍처럼 올 것이다.

그러나 나무들이 바람이 지난 후에 더 크고 곧게 자라듯이 우리들 또한 이러한 힘들에 맞설 수 있다.

우리가 우리의 신념, 믿음, 의지를 강하게 한다면 바람은 어느 순간에 지나갈 것이고 고요함이 되돌아 올 것이다.

태양과 달이 구름 사이를 통해 다시 나타나는 것처럼 우리 영혼의 선함도 강한 의지를 통해 나타나서 빛날 것이다.

뿐만 아니라 우리도 다른 이들을 위해 빛을 비출 수 있어야 한다.

세상에는 많은 종류의 고통들이 있다.

우리는 이것들을 우리의 뒤로 밀어내야 한다.

'이것이 나를 슬프게 한다. 그것이 나를 고통스럽게 한다. 이것이 나를 아프게 한다.'라고 생각하지 말라. 단지 앞으로 나아가려고 하라.

그러기 위해서 우리는 지혜, 진실, 믿음을 잃지 않고 폭풍우로부터 도망쳐야 한다. - 무하이야딘

용인시장 김학규의 발자취

4전 5기의 역경과 고난을 딛고 용인시장으로 취임을 했다.

용인의 많은 위기 상황과 정책적 과제 앞에서 무한한 용인사랑의 정신으로 용인시의 변화를 위한 행정을 펼치게 되었다.

인생은 불충분한 전제로부터 충분한 결론을 끌어내는 기술이라 한다. 결국 나의 운명이 결정되기까지는 결심하는 순간으로부터 온다.

가장 짧은 손가락 '엄지'에 대해 쓴 글이 생각난다.

'길어지려는 노력 대신 굵어지려는 노력을 했다.

그래서 그보다 긴 손가락들을 다 제치고 으뜸이 되었다.'

짧은 글이지만 소신을 가지고 스스로 갈 길을 가라는 교훈이 들어있다.

교육과 복지, 종합 장묘시설 평온의 숲 개장, 용인문화 재단 출범, 포은 아트홀 개관, 용인 경전철 개통 등 크고 작은 일부터 시민 밀착행정과 생활정치 실천의 중점을 두고 '사람 중심의 소통과 참여행정'을 시정 목표로 삼으며 용인의 미래에 청사진을 펼치게 되었다.

용인 경량전철 개통식

용인 경전철은 눈부시게 도약하는 용인의 급증하고 있는 교통 수요 대비와 동서 균형발전을 위한 사업으로 시작되었다.

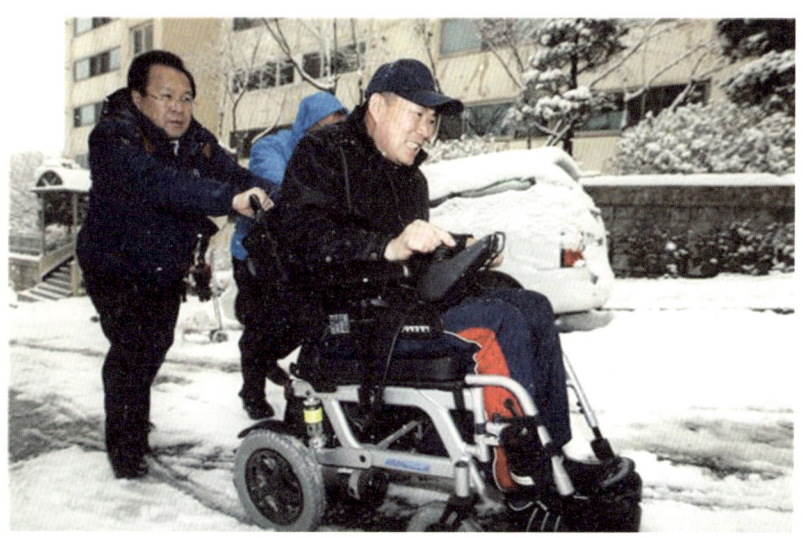

교통약자 특별교통수단 일일 도우미 체험

2022년, 전국장애인차별철폐연대가 지하철 출근길에 시위를 하는 모습이 언론을 통해 보도 되었다.

장애인 권리 예산 확대 등 장애인 복지정책에 관한 요구사항이 제대로 시행되고 있지 않아 불편한 몸으로 시위 현장에 나와 권리를 주장하고 있었다.

그들이 요구하는 내용은 이동권 보장으로 대중교통 이외의 불편함을 호소하고 있었으며, 지하철 계단에 설치된 리프트가 최근 철거되고 있음에 항의, 장애인이 이용하기에 편리한 저상버스 부족 요구, 그 밖의 특별교통수단 운영비 예산을 의무 편성해 달라는 내용이 있었다. 2001년 오이도 역에서 장애인이 리프트를 이용하다가 참사를 당하기도 했는데 지하철 휠체어 리프트 이용 중에 사고를 당하는 장애인이 해마다 늘어나고 있음을 감안해 보면 그들의 요구가 무리하지 않다는 생각이 든다.

우리나라의 장애인 유형 중에 지체장애의 비율이 90% 이상이라는 통계를 보며 몸을 자유롭게 쓸 수 없는 일상생활의 불편함이 얼마나 고통스러운 일인지 언젠가 장애체험으로 휠체어를 타 본 경험이 있어 더 많이 느끼게 되었다.

장애인 중에는 선천적인 장애도 있겠지만 요즘 산업화 사회로 인해 위험한 요소들이 많아지고 있어 질병, 사고, 등으로 인한 후천적 장애인이 늘어나고 있다.

정부의 발 빠른 대책이 시급하다는 생각과 함께 오래전에 썼던 장애인에 관한 글을 소개해 본다.

장애를 장애로 보지 않는 사회

"아무도 이 사람을 장애인으로 기억하는 사람은 없습니다. 오로지 미국의 플랭클린 루주벨트 대통령으로 기억합니다." 요즘 어떤 기업체의 광고에 나오는 문구이다.

장애인과 차별 없는 사회, 그런 사회를 지향한다고 말하는 광고를 보며 우리나라의 장애인 복지정책의 위상을 되짚어보게 된다.

세계적으로 보면 신체적 장애를 극복하고 자신이 추구하는 세계에서 최고의 영예를 안은 사람들을 만날 수 있다. 말년에 청각장애자가 된 후에도 불후의 명작 '운명'을 작곡한 베토벤, 청각, 시각장애를 극복하고 사회 봉사활동에 전념했던 헬렌 켈러, 소아마비로 신체부자유였던 미국의 루즈벨트 대통령, 그리고 '루게

릭병'이라는 불치의 병에 걸려 휠체어에 몸을 담고도 우주의 3대 이론을 제창한 세계적인 물리학자 스티븐 호킹…

우리는 그런 사람들이 자신의 장애를 극복하고 이루어낸 업적에 박수와 찬사를 아끼지 않는다. 그러나 막상 우리 주위에 있는 장애인들을 보는 시선은 냉담하며 장애인들과 정상적인 사람이 똑같은 권리를 인정받는 것에는 한없이 인색하다.

우리 주변에도 장애를 극복하고 자신의 삶을 꿋꿋하게 살아가는 사람은 얼마든지 있다. 선천적 뇌성마비를 극복하고 당당하게 서울대에 입학한 사람, 시각장애인으로는 처음으로 서울대 박사과정 시험에 합격한 사람, 등 일일이 신문지상에 오르내리지는 않았지만 장애인이라는 차별과 불편함을 인내하고 정상인 보다 몇 배의 각고의 노력으로 자신의 삶을 개척해 나가는 사람이 많다.

그러나 우리 사회는 유난히 장애인에 대한 편견이 심하다. 우리나라의 장애인으로 세계적인 명성을 얻은 인물이 없는 것은 사회적 편견과 불이익 때문에 사회적 활동을 할 수 없는 기회를 갖지 못했기 때문일 것이다. 신체의 부자유스러움은 당사자에게는 커다란 불행이 될지언정 수치나 부끄러움의 대상이 될 수는 결코 없다.

장애인 권리선언에서 보면 장애인은 "선천적이든 후천적이든 간에 관계없이 신체적 혹은 정신적 능력의 장애로 인하여 일상의 개인 또는 사회생활에 필요한 것을 확보하는데 본인 스스로 완전히 혹은 부분적으로 할 수 없는 사람의 경우"를 의미한다고 기술하고 있다.

장애인 복지는 장애인이 속한 그 사회에서 장애인을 차별과 편견으로 대하지 않고 인간의 존엄성과 가치를 인정하는 데서 출발

용인 교통약자 지원 발대식

한다. 즉, 일반 사회 구성원이 받는 권리와 기회를 장애인도 평등하게 누릴 수 있는 사회를 형성하도록 하는 모든 시책의 기본적 자세를 요구하는 것이야말로 바로 장애인 복지를 위한 이념이라고 생각한다.

우리나라의 장애인 복지정책은 1981년 '세계 장애인의 해'를 계기로 심신장애복지법의 제정과 장애인 복지행정 전담부서의 신설 등으로 장애인 복지 기반을 확립하게 되었다.

1981년 73개의 불과했던 장애인 복지시설이 1992년에는 173개로 대폭 늘어났고 재가(在家)장애인의 복지 증진을 위해 전국사회복지기관 내에 설치된 재가봉사센터에서 간병, 의료서비스를 제공하게 되었다. 그리고 1988년 서울 장애자올림픽의 유치를 계기로 장애인 복지대책을 종래의 보호 위주에서 재활 위주로 질적 변화를 위한 노력을 시도했으며, 그동안 장애인을 위한 핵심

용인시장 선거 거리홍보

적인 복지대책으로서 장애인 고용촉진법을 제정하여 1991년부터 시행하고 있다.

그러나 우리나라의 장애인 복지정책은 아직도 부족한 수준이다. 장애인들이 가장 큰 어려움을 호소하는 것은 장애인이라는 신체상의 부자유로 인해 제대로 경제활동에 참여할 수 없기 때문에 발생하는 경제적 빈곤이 문제이다. 현재 생계보조수당으로 적은 보조금 및 의료비, 자녀 학비 등이 지원되고 있지만 정상적인 생계를 꾸려가기에는 터무니없이 부족하다.

저소득 장애인들을 위한 지원 정책과 아울러 안정적이고 지속적인 일자리를 마련해주는 일이야말로 장애인 복지정책의 핵심

새마을 부녀회 주관 무료급식 봉사장에서 김학규 시장이 급식 봉사하는 장면

이라고 생각한다.

  인구보건연구원에의 조사에 따르면 15세 이상의 활동 가능 장애인 중에서 노인, 중증 장애인 등 취업대상 제외자를 뺀 취업가능자 중에서 취업자와 취업희망자의 비율은 50%도 안 되는 비율로 나타났다고 한다. 그러나 장애인이 일반인과 경쟁하여 취업한다는 것은 어려운 일이다. 그렇기 때문에 장애인이 갖는 특수한 사정을 고려한 고용대책을 강구하는 일이 무엇보다도 중요하다. 외국의 경우 장애인 고용 활당율을 제정하여 시행토록 하고 있으며 제정된 범위 안에서 전체 근로자 중 장애인을 의무적으로 고

용인강남학교 준공 및 개교식
*용인강남학교는 장애인만 배우는 학교임

용하도록 하고 있다.

그러나 무엇보다도 중요한 것은 장애인이 정상적인 사회인과 함께 생활할 수 있도록 사회통합화 한다는 전제하에 출발하여야 한다.

모든 인간은 평등하고 함께 살아가야 한다는 전제하에 장애인 복지정책의 방향성을 제시해야 한다.

〈용인강남학교〉

경천애인(敬天愛人) 강남학교의 교훈이다. 1980년 용인으로 캠퍼스를 이전했으며, 수도권 중심의 대학교로 용인 인재양성의 핵심 대학으로 그 위상이 높아지고 있다.

강남대학과 관·학 협약을 통해 다양한 사업을 추진해 왔으며 지역발전과 강남대학의 지속적인 협력을 위해 노력할 것이다.

〈김학규 시장 급식 봉사〉

재능기부 문화가 확산되고 있다. 경제가 어렵고 양극화가 심화되는 어려운 시대에도 재능기부의 역할이 큰 힘이 되어 희망으로 가득하다.

모두가 동참하는 공동의 이익을 위하여 프로보노 퍼플리코(pyo bono publieo) 정신으로 사회불안을 해결하면서 함께 공동체를 발전시켜 나가는 아름다운 사회가 형성되고 있는 것이다.

재능만으로 기부할 수 있는 재능 나눔, 재능기부, 등 공공의 목적을 위해 자신의 경험과 기술을 살리는 봉사활동의 참여로 '함께하는 시민문화'를 활성화하기 위해 다양한 사업들을 추진할 방침이다.

죽전역 출근길 인사와 주민들을 상대로 선거운동을 실시하고, 백암면 5일장에 시장상인들과 동부권 주민들과 인사를 나누고 있다.

안전이 최우선 이었습니다!!

- **취약지역 안전강화 아동안전 CCTV 설치**
  용인시 전역 889개소 운영

- **안전전담 안전행정국 신설**

- **민원안내 콜센터 365일 확대 운영**
  한국능률협회 3년연속 우수 콜센터 선정

- **보육부담 완화를 위해 전면 무상보육 확대**
  지원대상 : 만0~5세
  55,339명

- **문화 향유기회 확대 위해 용인문화재단 출범 포은아트홀 개관**
  뮤지컬 레미제라블 한국어 초연

- **장애인 특수학교 설립·운영**
  용인강남학교 2011년 개교

- **3년간 378개 기업유치**

- **용인평온의숲 건립 (시립화장장례시설) 시민장례비용 절감**
  2013년 12월 준공

- **청소년 활동지원**
  비전교육 프로그램 운영
  행복한 용인! 교육나눔! 사업진행

제2부 영선골 뻐꾸기 157

김학규 지난 4년간 용인을 위해 이렇게 일했습니다!

시민이 행복한 도시기반 조성을 위해
○ 대중교통 중심 교통체계 개편 및 사람 중심 보행 환경으로 개선했습니다.

생활공감 행정 실현을 위해
○ 전국 최초 생활민원 전담부서 '생활민원과'를 신설했습니다.
○ 인허가 민원 맞춤형 서비스를 제공했습니다.
○ 야간 여권민원실을 운영하고 있습니다.

여성친화 및 건강도시 조성을 위해
○ 건강한 가정을 위한 여성친화도시를 실천했습니다.

시민이 행복한 사람중심 교육복지를 구현하기 위해
○ 청소년 학업활동 지원 프로그램을 실천했습니다.
○ 2015년 시행 될 고교평준화를 용인시 실정에 맞추도록 노력했습니다.

균형있는 지역경제 기반 조성을 위해
○ 최근 3년간 378개 기업을 유치하였습니다.
○ 첨단산업(IT · 소프트웨어 개발 등) 지속지원으로 일자리를 창출했습니다.
○ 맞춤식 농업기술 · 경영교육으로 농가소득을 증대 시켰습니다.

祝
發展
"竜仁 平穩의 숲
開場을 93만 市民과 함께
축하합니다 "
2012. 12. 28
용인시장 김 학규

용인 평온의 숲 개장식에서

이 세상에서 죽음만큼 확실한 것은 없다'라고 한다. 그러나 사람들은 겨우살이는 철저히 준비하면서도 죽음은 준비하지 않는다고 했다.

죽음은 우리 모두의 숙명이다.

용인 평온의 숲은 장례, 화장, 봉안 등 원스톱장례서비스를 제공하기 위한 시설을 갖춘 곳으로 체계적인 관리와 운영, 효율성 도모를 위하여 용인도시공사에 위탁운영이 되고 있는 곳이다.

개장식에 참석하며 천상병 시인의 귀천(歸天)이라는 시가 생각나서 적어본다.

귀천(歸天)/천상병

나 하늘로 돌아가리라.
새벽빛 와 닿으면 스러지는
이슬 더불어 손에 손을 잡고,

나 하늘로 돌아가리라.
노을빛 함께 단 둘이서

기슭에서 놀다가 구름 손짓 하며는

나 하늘로 돌아가리라.
아름다운 이 세상 소풍 끝내는 날
가서, 아름다웠더라고 말하리라…

정치와 용인의 꿈

대인춘풍(待人春風) 자기추상(自己秋霜), 남을 대할 때는 봄바람 같이 부드럽게 하고 자신을 대할 때는 가을 서리처럼 엄격하게 하라는 뜻이다.

공직자로서 자신의 언행과 업무에 조금이라도 미흡한 점은 없는지 늘 자신을 돌아보게 된다. 맑은 가을날의 서릿발 같은 엄격함으로 자기 자신을 다스리는 노력을 게을리 하지 않으며 자기반성과 함께 비로소 타인을 대할 때 온화한 마음이 저절로 우러나오게 되는 것이다.

나를 키워주신 조부께서 늘 주셨던 교훈 그대로 사회에 공헌하는 사람을 꿈꾸게 되었다. 그러나 그 길이 쉽지 않은 길이었음을 여러 번의 많은 실패와 좌절을 맛보며 알게 되었다.

용인에서 태어나 용인에서 성장하며 용인을 위해 일하는 삶이야말로 내가 타인을 위해 할 수 있는 최고의 기회이며 선택이라는 생각을 하게 되면서 포기하지 않는 삶을 위해 전진할 수 있었다.

그리고 마침내 용인시장으로 당선이 되었다.

'대인춘풍 자기추상'을 실현하며 세상일을 할 수 있는 기회가 주어진 것이다. 조부님 말씀대로 늘 나 자신을 돌아보며 덕을 행하는 마음으로 공직자의 길에 들어서게 되었다.

공직자는 무엇보다 청렴하며 공정해야 한다는 것이 나의 좌우명처럼, 일을 하면서 선공후사(先公後私)의 정신으로 조직을 운영하고 신상필벌을 엄격하게 적용해야 한다는 소신을 가지고 있다.

나는 늘 공부를 게을리 하지 않았다. 학창 시절 독서의 세계에 푹 빠져 지금까지도 손에서 책을 내려놓지 않고 틈나는 대로 읽고 있다. 그래서인지 모두들 좋은 말로 나를 선비라 부르기도 한다.

대학을 포기하고 군 입대를 택했지만 늘 공부에 대한 아쉬움이 있었고 만학도로 대학에 입학하여 석사학위까지 취득하게 되었다. 이어 멈추지 않고 박사학위를 수료했으며 또다시 공부를 하며 중국 연변기술대학에 겸임교수로 초빙을 받기까지 했다.

결국은 늘 꿈꾸던 문학에 입문을 하며 『한국수필』에 신인 당선을 하게 되었다.

덕분에 시정 활동을 하며 보고 느낀 일들을 기록하며 되돌아보는 일에 많은 도움이 되었다.

"나의 꿈은 정치인이 아니라 시인이 되는 것이었다."라는 글을 쓴 기억이 있다.

가끔, 험난한 정치의 세계 속에 발을 담그게 된 것을 후회하기도 했지만 나의 선택이 나의 고향 용인을 사랑하는 마음에서 비롯된 것임을 확신하며 21세기 한국 정치가 지향해야 할 과제, 그리고 내 고장 용인의 발전과 지방자치의 올바른 발전을 위해 과

감한 용기로 정치계에 입문을 하게 되었으니 나름 의미 있는 삶이라 생각한다. '정치는 가능성의 예술'이라 한다. 밝은 눈과, 총명한 귀와 지혜로운 마음이 있다면 시민과 함께 일방통행이 아닌 쌍방통행의 멋진 작품을 탄생시킬 수 있는 것이다.

에이브러햄 링컨(1809~1865)은 1860년 미합중국의 제16대 대통령이 되었다. 그가 선거기간에 있었던 일화를 읽었는데 '링컨이 공화당 대통령 후보로 처음 출마 했을 때였다. 공화당은 그에게 선거자금으로 200달러를 지출했다. 선거에 승리한 링컨은 당선이 확정된 자리에서 선거자금 200달러 중 쓰고 남은 잔액을 공화당에 반납했다. 봉투에서 나온 반납 액은 199달러 25센트였으며 다음과 같은 내용의 편지가 있었다. "나와 함께 열심히 뛴 선거 운동원에게 주스를 사주면서 75센트를 썼습니다." 이 편지로 영수증을 대신합니다.'

뜨거운 가슴과 냉철한 이성을 바탕으로 선거에 승리했으며 노예제도를 반대하며 남북전쟁을 승리로 이끌었던 모두가 존경하는 세계적인 지도자를 나 역시 좋아한다.

정치에 관한 많은 일화들이 있지만 '노자의 정치 이론'을 읽으며 역시 동감하는 부분이 많았다.

「치자(治者)들이 과중한 과세를 하기 때문에 백성들이 주리게 되는 것이다. 치자들이 간섭을 하기 때문에 백성을 다루기가 어려운 것이다. 인생에 대해서 너무 많이 걱정을 하기 때문에 백성들이 목숨을 걸게 되는 것이다.」

정치는 많은 사람들이 함께 모여서 살아가는 기술이며 인간만이 공동체의 질서를 만들기도 하고 바꾸기도 하는 것이다.

내가 정치에 입문할 즈음 존경하는 지인께서 하신 말씀이 "정치는 짧고 역사는 영원하다."라는 말씀을 해 주셨다.

자신의 짧은 삶보다 역사의 긴 흐름을 중시하며, 자신의 욕구보다 주민들의 한(限)과 원(願)을 우선하라는 가르침을 늘 마음에 담고 있었다.

지천명해야 할 오십의 새 세대 정치인으로 과연 나는 국민과 역사를 두려워할 줄 아는가? 스스로에게 묻기도 했다.

자신을 채근하는 서원을 세워 상생(相生)과 조화(調和)의 가치관으로 방향성을 제시하며 사람과 사람 사이, 나라와 나라 사이, 지역갈등, 세대갈등, 계층 갈등 의 과제를 해결하기 위한 정치를 꿈꾸게 되었다.

민선 용인시장 당선과 함께 취임을 하면서 많은 행정적 지침을 바탕으로 지역경제의 발전을 위해 지켜야 할 지표들을 제시하게 되었다.

'함께하는 행복한 용인'의 주제를 두고 지역 및 계층, 세대 간의 경계와 불신을 극복하고 화합을 이루는 것을 시정의 최우선의 목표로 삼겠다는 의지를 밝혔다.

사회적 약자에 대한 배려 등 사람을 중시하는 정책으로 상호 간의 이해와 양보를 통해 상생발전을 이루도록 하며 행복한 용인의 실현을 위해 사람중심, 교육복지, 균형 있는 지역경제, 참여하는 열린 행정, 향유하는 문화예술, 자연친화 건강도시의 실현을 위한 시정지표를 제시하게 되었다.

생활행정으로 시민의 생활과 직결된 시책, 생활민원을 신속하게 해결하는 시정의 역량에 집중하겠다는 계획을 세우게 되었다.

자치경영으로 절차적 정당성, 투명행정, 민주정치의 정착을 시도하게 되었으며 신뢰행정 역시 지역 및 계층 등 정체성 확립은 물론 소통문화 확립, 지역 네트워크를 통해 균형발전 및 시민에 대한 행정신뢰의 중점을 두도록 하였다.

특히 재정건전화에 많은 노력을 하게 되었으며 종이 한 장도 아껴야 한다는 마음으로 예산을 무계획적이고 무책임하게 낭비하지 않도록 불필요한 사업계획 및 투자 상황을 세심하게 파악하므로 재정상황의 투명성을 통해 근본적인 사고 전환에 중점을 두도록 지시를 내리기도 했다.

시민의 생활 속으로 다가서는 행정에 많은 중점을 두게 되었으며 특별한 당부를 하기도 했다.

모든 민원에 대해서는 현장에서 즉시 확인하고 현장에서 대화를 통해 해결하는 것을 원칙으로 "시민의 생활불편을 가장 빠른 시간에 해결하라"라는 지시도 잊지 않았다.

현장중심의 행정은 반드시 실천되어야 하며 책상에 앉아 시간을 허비하지 않도록 특별한 주의를 갖도록 했으며 새로운 시대정신과 시대의 변화에 맞게 시민존중 행정의 실현을 위해 노력해 줄 것을 당부하기도 했다.

용인의 희망이 시작되고 있다는 생각을 정착화하기 위한 많은 지시사항과 당부가 전달되기도 했다.

용인시장 취임으로 막중한 사명감과 책임감으로 일하겠다는 다짐을 하며 용인시민에게 감동을 주는 밀착행정을 약속했다.

용인시장으로서의 많은 다짐과 약속 중에서도 가장 강조하고 싶었던 것은 '사랑'이다. 사랑에 기반을 두고 사람 중심의 행정을 펼치겠다는 굳은 의지가 있었다.

개발위주의 행정 추진으로 지역 불균형이 심화되고 계층 간 반목 현상을 고쳐야지만 도시의 밝은 미래가 가능하다는 판단으로 화려한 대형 사업을 새롭게 시작하기보다는 사랑과 화합을 다지며 신뢰하고 행복한 생활 행정으로의 혁신에 중점을 두게 되었다.

여러 정책들을 시행하느라 많은 어려움도 있었지만 인간의 가장 깊은 내면에 잠재된 사랑의 힘으로 해법을 찾으며 극복해 갔다.

내가 자란 신갈동 갈천 마을에서 바라다 보이는 앞산이 용뫼산이다. 지금의 신갈고등학교 뒷산으로 그리 높지 않은 산이지만 어릴 적 나에게는 세상에서 제일 높은 산으로 보였다.

산 밑에는 개울이 흘러가다 굽이치는 곳이 있었는데 수심이 깊어서인지 물이 짙은 푸른색으로 보여 함부로 들어가지 못했던 기억이 있다. 어른들 말에는 용과 매가 살았다는 이야기가 있다.

용인, 전국적으로 지명에 '용'이라는 이름이 붙은 곳이 1,000곳이 넘는다고 한다. 용인시는 '용' 자가 붙은 마을이나 산 이름이 타 지역보다 유난히 많다.

용인특례시 이동읍에는 비룡동(飛龍洞), 용굴(龍窟),을 비롯해서 용곡(龍谷), 원삼면의 용바위(龍岩), 동수동 용해곡(龍海谷) 등 용인시가 용의 여의주를 물고 물을 만나 용트림을 하면서 힘차게 승천하며 새롭게 도약하기를 기대한다.

2011년 '경기일보'에 기고되었던 나의 글

나무 가꾸기는 미래를 위한 투자

용인 애향가에 '동방에 정기 모여 수려한 조국 그중에도 산수 좋은 용인 내 고향', '흐르는 시내조차 수정 같구나.' 하는 구절이 있듯 용인은 천혜의 경관, 좋은 산지에 알맞은 기후와 맑은 물이 있는 도·농 복합도시이다.

특히 임야가 전체 면적의 56%를 차지하고 한남정맥 170km의 반 정도인 82km가 지나가는 산림도시로 관내에는 즐겨 찾는 산행객이 꾸준히 늘고 있는 20여 개의 명산이 있다.

또한 용인 자연휴양림은 수도권 최대 인기 휴양림으로 부상했으며 20여만 평 되는 산에 갖가지 초목과 꽃이 테마별로 조성되어 있는 한택식물원이 있다.

이러한 산과 숲의 가장 중요한 기능은 광합성 작용으로 이산화탄소를 줄여서 공기를 맑게 한다는 것이다. 숲의 기능은 그뿐만이 아니다.

지하수를 저장하고 생태계를 유지하게 하는 바탕이 된다.

옛날부터 국가경영의 요체는 치산치수('治山治水)라고 했다. 선진국 치고 조림이 안 된 나라는 없다.

 나무 심기는 행복하고 풍요로운 미래를 건설하는 밑거름이며, 기후변화 대응과 저 탄소 녹색 성장 기반 구축의 원동력이 된다.

 용인자연휴양림에서 열린 '용인시민 나무 심기' 행사는 시민 누구나 손쉽게 나무를 심고 가꿀 수 있는 녹색환경을 조성하기 위한 것이다. 특히 시민들이 자신의 이름과 날짜, 나무 이름과 남기고 싶은 말을 메모해 나무에 부착, 지속적으로 관심을 갖고 가꾸어나가도록 하며 나무 심기 방법과 시범교육을 실시해 어려움 없이 나무 심기를 체험할 수 있도록 했다.

 독일의 문호 괴테는 "자연이야말로 인간 영혼의 가장 좋은 진정제이다."라고 갈파했으며 또한 후손에게 빌린 것이라는 말이 있다.

 산림은 그 땅의 얼굴이자 시민의 삶터, 일터, 쉼터로 우리에게 다양한 경제, 환경, 문화적인 혜택을 주고 있다. 특히 기후변화의 거대한 도전 속에서 산림은 유엔 기후 변화협약이 유일하게 인정하는 '이산화탄소 흡수저장원'이자 사막화를 막는 마지막 보루로 그 가치가 새롭게 조명되고 있다.

 산림을 조성하고 가꾸는 것은 용인을 더욱 푸르게 할 뿐만 아니라 지구 환경을 지키고 인간과 지구의 조화로운 발전을 이끄는 원동력이다. 관과 시민단체가 협력해서 용인시를 푸르고 맑은 생태도시로 가꾸어 나갈 때 용인시민의 삶의 질이 향상되고 '함께하는 행복한 용인'이 건설될 것이다.

 옛말에 '일 년을 계획하는 것은 논 농사가 으뜸이고, 십 년을 계획하는 것은, 나무 심는 것이 으뜸이며, 백 년을 계획하는 것은 인재를 기르는 것이 으뜸이다'라고 하였다.

 이 세상에 수많은 직업이 있고 사업가가 있지만 그중에서 인재를 양성하고 산에 나무를 심고 가꾸는 조림과 육림 사업이야말로 가장 보람을 느낄 수 있는 사업이라고 생각한다.

필자도 미래에 가장 하고 싶은 일이 있다면 산에 나무를 가꾸는 조림사업이다.

인재육성과 조림사업은 미래지향적인 투자이다.

교육에 종사하는 교육자가 존경받아야 하는 이유가 바로 인재양성에 있는 것이다.

할아버지가 나무를 심으면 그 열매(성과)는 손자가 따 먹는다고 했으니 미래를 위한 투자인 셈이다.

매년 한 번씩 정해진 식목일에만 나무를 심고 관심을 가질 것이 아니라 대기오염을 방지하고 공기를 정화하며 지하수 확보와 좋은 환경을 만들기 위해서라도 식물에 대한 새로운 인식과 지식을 넓혀나가고 나무를 심고 가꾸는 일이야말로 후손을 위해서 우리가 해야 할 일이 아닐까 생각해 본다.

'나는 곧은 나무보다 굽은 나무가 더 아름답다. 새들도 곧은 나뭇가지보다 굽은 나뭇가지에 더 많이 날아와 앉는다. 곧은 나무는 자기의 그림자가 구부러지는 것을 싫어하나, 고통의 무게를 견딜 줄 아는 굽은 나무는 자기의 그림자가 구부러지는 것을 싫어하지 않는다.' 정호승 시인의 '나무에 대하여'라는 시 구절이다.

나무는 자연이 주는 좋은 것, 나쁜 것을 가리지 않고 있는 그대로를 받아들이며 자란다. 필자도 오늘 깊은 슬픔 속에서도 희망을 잃지 말자는 그러한 마음으로 한 그루의 나무를 심고자 한다. 나무를 심는 마음에는 미래를 향한 희망의 뜻이 담겨있기 때문이다.

내 고장 용인을 위한 결단을 후회하지 않는다

내가 문학을 하겠다는 학창 시절의 꿈을 접고 정치를 하겠다는 결심을 하게 된 것은 5·6공 시절 민정당과 민자당의 용인지구당(민정당 시절엔 여주, 이천, 용인지구당이었음) 사무국장과 부위원장을 맡았을 때의 경험과 갈등이 직접적인 계기가 되었다.

당시만 해도 나는 지역의 대선배이자 중앙정치무대에서 활동하는 위원장에 대해 진심으로 존경하는 마음을 가졌었으며 나는 지역사회에 숨은 일꾼으로 하루하루 최선을 다하자고 굳게 다짐했었다. 그리고 지구당 운영에 가급적이면 많은 당원들을 참석시키기 위해 애썼다.

그러나 말이 정당생활이지 지구당 당료로서 할 수 있는 일이란 아무것도 없었다. 해방 이후 수없이 명멸했던 여러 정당들이 대개 그랬듯이 민정당이나 민자당이나 이렇다 할 평상시 활동은 없었고, 선거 때가 되면 선거에 동원되는 것이 활동의 전부였다. 특히 위원장은 지구당의 모든 권한과 결정을 독점하였고, 나머지 당직자들은 들러리에 불과했다.

나는 이러한 구조를 타파해 보려고 무던히 애를 썼다. 일상적인 활동을 알차게 펴 나가는 가운데 지역주민의 지지를 이끌어낼 수 있는 방법은 없을까? 그 방법은 단 하나 지구당이 지역주민 속에 깊이 뿌리내리고 평당원들의 의사가 상층부에 수용되는 구조로 지구당이 일대 혁신을 이루는 길 뿐이었다.

나는 그 같은 의사를 틈나는 대로 피력했고 뜻있는 동지들로부터 격려도 받았다.

하지만 내 충정은 '불평분자'라는 낙인과 함께 묵살될 뿐이었다. 이러한 과정 속에서도 나는 1991년 6월 20일 실시된 경기도의회 의원선거에 출마했다. 내가 출마한 선거구는 용인시 제2선거구(기흥, 구성, 수지)였는데 선거 결과 나는 무려 유효투표자 수의 62%의 지지를 받아 경기도의원에 당선되었다.

나는 도의원으로서 의정활동 4년 동안 지방자치가 발전해야 민주주의 토대가 완성된다는 믿음으로 열심히 일했다.

지역주민과 수시로 만나 현안문제를 청취하고 지역개발의 올바른 문제점이 무엇인지 진지하게 파악했고, 그 해결 방안을 모색했다.

그러나 내가 해결하고자 했던 지역의 현안문제는 도의원의 힘으로는 불가능에 가까운 것이었다. 한 예를 들자면 나는 수도권 전철 분당선이 건설될 때, 차량기지창이 용인군 관내의 구성면 보정리에 설치된 것을 지적하면서 당시 경기도지사에게 전철역을 병설해 줄 것을 요구했던 적이 있었다.

그러나 "매우 좋은 의견이니 긍정적으로 검토하겠다."라는 대답만을 들었고 그것으로 끝이었다.

분당선이 설계될 당시에 이미 수지지구는 대규모 택지개발 계획이 잡혀 있었으며 급격한 인구 팽창이 예견되어 있었다. 만약 당시에 관계 인사들이 힘을 합하여 분당선이 수지·신갈지구까지 연결되도록 애썼다면 구성면 보정리에 기지창만 덩그러니 들어서는 일은 없었을 것이다.(2022년 현재 분당선은 신갈은 물론 연장선까지 개통되어 편리한 교통수단을 이루고 있다.)

   최근 정부에서는 수도권 지역에 4~5개월의 신도시를 추가로 건설할 계회이라고 얼마 전 건설교통부장관의 발표를 들었다.
   이러한 건설계획은 반드시 해당지역의 자치단체와 주민들의 의사를 수렴하여 더 이상 권위주의시대에 졸속, 탁상행정이 되지 않도록 해야 할 것이다.
   아울러 차체에 수도권 전철을 이들 지역에까지 연장함으로써 균형 있는 지역개발이 이루어지도록 해야 한다.
   우리 고장 용인시에 전철기지창을 세울 당시 인구 팽창과 지역 발전을 예측하여 미리 대비하는 행정이 시행되었다면 불필요한 낭비와 새로운 노선 확보를 위한 수고가 덜어졌을 것이라는 생각을 하게 된다.
   이처럼 지역발전에 관한 중앙정치의 문제점을 생각하면서 도의원의 한계를 절감한 이상 더 머뭇거릴 필요가 없다는 생각과 함께 그 이후 나는 자민련 용인지구당 위원장을 맡게 되었고 정치를 통해 내 고장 용인 발전에 기여할 방법을 모색하게 되었다. 나는 내 고장 용인을 위한 결단을 결코 후회하지 않는다.

   내가 용인의 시민으로서 자랑스러워해야 할 일 중에는 역대 충신의 발자취가 남이 있는 곳곳의 사당과 선현들의 교훈을 만날 수 있는 충절의 고장이라는 자부심이 있어서이다.
   용인시 기흥구 수성동에는 충정공 민영환 선생의 묘소가 있다.
   대한제국 고종황제의 황후인 명성황후도 여흥 민 씨 가문에서 배출되었다.

민영환 선생은 대한제국의 고종황제를 보필하는 대신으로 재직하고 계셨다.

선생께서는 일제의 회유와 협박에 굴하지 않았다. 오히려 일제의 회유에 굴복하여 부귀영화를 누리려 하는 주구들을 준엄하게 꾸짖었다.

민영환 선생은 일제에 의해 나라가 망하는 것을 보고 국록을 먹는 신하가 무슨 낯으로 살겠는가? 하는 심경을 유서로 남기고 자결했다. 자결한 자리에서 대나무가 나고 자랐다고 하니 대나무와 같은 곧은 지조를 행동으로 보인 어른이시다.

나라에서 충정공이라는 시호를 내려 우리가 부를 때 성씨를 붙여 민충정공 선생이라고 한다.

내가 초등학교 다닐 때 신갈에서 구성까지 걸어서 충정공 묘소까지 소풍을 갔던 기억이 새롭다.

그때는 전형적인 농촌마을 위쪽에 묘소가 있어 고즈넉할 정도로 주변이 적막했는데 지금은 도시화 되면서 아파트가 들어서 위치를 알아보기 어렵다.

우리가 선현들의 얼과 발자취를 기리고 보존하는 데 소홀한 건 아닌지 돌아보게 한다.

용인특례시 에는 모현면 능원리에 고려말의 충신 포은 정몽주 선생, 수지구 상현동에는 조선조 중종 시대 충신 문정공 정암 조광조 선생 묘소와 사당이 모셔져 있는데 충렬 서원과 심곡서원이다. 그러니 용인은 충절의 고장이라 해도 과언이 아니다.

비록 시인의 길을 접고 정치인이 되었지만 시인과 정치인의 공통점을 애써 찾아보기도 했다. 본질을 꿰뚫고 개혁하려는 정치인과 사물의 현상과 언어에 대한 정교함으로 감각이나 현상 너머의 이면적 진실을 포착해 내는 문학과 양태는 다르겠지만 눈으로 보고 귀로 듣고 지혜로운 생각을 담아 실천해 내는 본질적 측면은 서로 닮았다는 생각도 든다.

지금 생각해도 정치를 하기 잘했다는 생각이 드는 이유는 선거 중에 마음 아픈 일도 많아 포기를 해야 했던 순간이 있었는데 자신의 생업도 미뤄가며 나를 돕기 위해 뛰어다니던 사람들, 아낌없는 성원과 격려로 나를 응원해 주던 지역 주민들, 내가 살아가면서 평생 잊을 수 없는 고마운 분들이 있기 때문이다.

그런 믿음과 신뢰가 바탕이 되어 내가 올바른 정치의 길을 걸을 수 있었던 원동력이 되었다.

34,000명의 목숨을 구한 청소부 이야기가 생각난다.

'샤를 드 라 부쉬에르'는 프랑스의 귀족 정치가였다고 한다. 그가 프랑스혁명 때 노동자로 변장을 하고 혁명 재판소에 청소부로 취직을 해서 낮에는 건물을 청소하는 청소부 역할을 하고, 밤이 되면 재판소 안에 있는 사형수들의 이름이 적혀 있는 장부를 훔쳤다고 한다.

그리고 장부를 집에 가지고 가서 글자를 못 알아보도록 물에 담가 종이가 찢어지거나 글씨를 번지게 하기도 했으며 장부를 태워버리기도 했다고 한다.

그는 그렇게 해서 단두대에서 죽음을 맞았을 34,000명의 프랑스인의 목숨을 구했다고 한다.

확실한 일을 실행할 수 있는 힘은 누구나 가지고 있다. 단지 이루고자 하는 마음과 용기가 필요한 것이다.

 인간 사회 역사의 진로를 바꾸려 했던 사람들, 자유와 인권을 주장하며 이성과 양식의 힘을 강조하던 사람들, 역사는 그들을 계몽사상가라 한다.

 개인이 자유롭고 인간이 존엄한 사회를 만들기 위해 투쟁과 선명한 희생이 반드시 필요하다는 생각이 든다.

자전거를 타고 녹색 선거 운동을 하다

　용인시장 후보 시절에 자전거를 타고 다니며 녹색 선거 운동을 해서 많은 유권자들로부터 응원을 받게 되었다.
　죽전, 보정, 구성 등 수지지역의 곳곳을 자전거를 타고 유세 활동을 했다.
　자전거 유세는 천혜의 자연환경을 갖고 있는 용인의 저탄소 녹색성장을 위한 환경보호 캠페인의 일환이라 생각한다. 더불어 시민들의 많은 참여를 당부하며 운동을 한 결과 지지자들의 적극적인 호응을 얻게 되었다.
　자전거 유세는 세월호 참사로 인해 과거 확성기 유세를 자제하며 일방적인 전달 방식이나 연설을 선호하는 선거운동에서 벗어나 직접 발로 뛰며 시민들과 마주하는 현실성 있는 유세였다.
　나는 지금도 한가한 시간이면 운동 삼아서 자전거를 타며 사무실 주변을 돌기도 한다.
　자전거는 타는 사람이 중심을 잡아 주어야 주행이 가능하며 페달을 멈추는 순간 쓰러지게 된다.
　열심히 움직이다 보면 아름다운 풍경을 직접 만나게 되고 시원한 바람 속으로의 여행이 가능하며 어디에서도 느껴보지 못한 건강한 기운을 체험하게 된다.

자전거를 즐겨 탔던 유명인사 들로는 아인슈타인, 마크 트웨인, 존 F 케네디, 플랭클린 D. 루즈벨트 등 많은 훌륭한 인물들이 있다.

요즘은 자전거 동호인들의 모임이 점점 늘어나고 있어 자전거 도로가 있는 곳으로 단체 원정을 떠나 마음껏 페달을 밟으며 즐기고 있다.

2010년 자전거에 대한 글을 썼던 기억이 나서 소개해 본다.

자전거와 추억
나는 자전거 타는 것을 좋아한다.
자전거 예찬론자라고라고 해도 과언은 아닐 것 같다.
가장 자유스러운 운동이며, 가장 경제적이고, 친환경적이며, 사색적인 운동이라 생각한다.
전 대우그룹 김우중 회장께서 회사를 세계적인 기업으로 키우기 위해 밤낮없이 바쁘게 일할 때 어느 기자가 "회장님께서는 왜 골프를 안 하십니까?"라는 질문을 했는데 대답하기를 "나는 시간이 아까워서 골프를 안 합니다."라고 말했다고 한다.
자전거는 자투리 시간을 이용해서 얼마든지 탈 수 있으며 필요하면 어느 지점에서나 되돌려 집으로 올 수 있는 자유로운 운동이다.
내가 자전거 타기를 좋아하는 또, 한 가지는 자전거에 얽힌 추억이 있기 때문이다.
너무도 다정한 친구, 그 이름은 구자호, 자호는 신갈초등학교

와 수원 중, 고등학교 동창이다.

　내가 자전거를 배우게 된 동기는 그 친구 덕분이다. 친구는 나이 사십도 되기 전에 이미 세상을 떠났다.

　초등학교 5학년쯤 일이다.

　당시 1950년대 후반부로 국민소득 60불 시대의 이야기다. 6·25 전쟁을 치르고 1953년도 휴전이 되었으니 물자 부족으로 모두가 어려웠던 시절이었다.

　그래서 자전거가 있는 집은 마을에 한두 집 정도가 고작이었다.

　친구의 아버지는 의사로서 '광평 의원' 원장 이셨다. 그때 교통수단으로의 자가용은 단연 자전거였다. 승용차가 없던 시절의 이야기다.

　친구네 자전거는 요즘으로 치면 병원 원장님의 승용차인 셈이다. 그런데 어느 날 학교 수업이 끝나고 친구는 아버지 왕진이 없는 시간을 틈타서 신갈초등학교 운동장으로 자전거를 끌고 나왔다.

　나에게 자전거 타는 법을 가르쳐주기 위해서였다. 그때 자전거는 투박하게 생기고 뒤에는 짐을 싣게 되어있어 원장님께서 환자를 보러 갈 때 왕진가방을 실을 수 있었다.

　나는 처음 배우는 것이라서 자전거에 올라타니 겁부터 났다. 친구가 뒤에서 붙잡아 주고 나는 페달을 밟는데 내가 가고자 하는 방향과는 다르게 엉뚱한 방향으로 가기 일쑤였다. 아니나 다를까 운동장 한 바퀴도 돌기 전에 운동장 가에 심어져 있던 대추나무를 들이받고 나동그라지고 말았다.

　나는 대추나무에 얼굴이 긁혀 피가 났으나 많이 다치진 않았다. 그러나 자전거는 충격에 앞 핸들이 옆으로 휘어져 있었다.

친구와 나는 당황하지 않을 수 없었다. 친구 아버지의 자가용을 몰래 타다가 사고를 낸 격이니 말이다. 아니나 다를까 친구 어머니가 헐레벌떡 학교 운동장으로 오셨다. 화가 잔뜩 나신 표정이셨다.

"네 이놈들 원장님 왕진 가셔야 하는데 허락도 없이 자전거를 끌고 나오면 어떻게 하니"하시며 고함을 치셨다.

자전거를 간신히 끌고 집에 들어간 친구는 엄마한테 호된 꾸중을 들었다 한다. 그 이후로 나는 한동안 친구네 집에도 가지 못했다.

자전거를 타면 그 친구가 생각난다. 사람이 좋아서 젊어서는 남과 어울리기 좋아하고 술도 좋아했던 친구, 서른아홉의 나이로 세상을 떠나던 날, 12월의 추위 속에서 그 친구를 영원히 떠나보내며 너무 슬퍼서 펑펑 눈물을 쏟았던 기억은 아직도 마음에 남아 잊히지 않는다.

자전거는 나이가 든 사람일수록 많이 타야 될 것 같다. 나이 들면 격렬한 운동은 무리가 되므로 조심해야 하므로 비교적 타기 수월한 자전거를 권장하고 싶다.

지금은 자전거 전용도로가 많이 생겼으나 아직도 도로가 편리하게 연결되어 있지 않은 곳이 있어 아쉽기도 하다.

승용차도 덜 타고, 건강에도 도움이 되고, 아황산가스 배출을 줄여 친환경 도시에 적합하니 우리 용인시도 자전거 도로가 더욱 정비되고 자전거 거치대가 편리하게 설치되어 안전하게 시민들께서 자전거를 이용했으면 좋겠다.

교통체증도 줄이며 건강도 증진되는 효과적인 스포츠로 자전거 타기가 최고이며 도시마다 신바람 나게 자전거 타는 시민들의 모습을 기대한다.

고마운 인연들로 내 인생이 빛나다

신갈라이온스클럽 창립에 앞장서다

라이온스 클럽은 봉사단체이다. 개인의 이익을 추구하기보다는 모두가 공평하게 자발적이며 헌신적인 봉사활동의 지침을 두고 이웃을 위한 봉사, 타인을 위한 봉사를 지속적으로 이어오고 있다.

신갈라이온스 클럽은 1990년 10월에 태어났다.

국제봉사단체인 라이온스 클럽은 현재 처인구에 '용인라이온스클럽'이 있었고 기흥읍을 비롯해 구성면 수지읍은 없을 때였다.

나는 용인라이온스클럽 회원으로서 활동하고 있었다.

신갈라이온스클럽은 내가 5년 동안 활동한 뒤 경험을 바탕으로 창립되었다.

스폰서클럽이 된 용인라이온스클럽의 권유와 지원이 큰 힘이 되었다.

창립하는 것은 백지상태에서 새롭게 시작하는 것이라 어려운 일이 많았다. 창립회원 구성부터 사무실 확보, 집기, 사무용품, 회의실 탁자, 걸상 등 한 두 가지가 아니었다.

  그때 창립회원으로 들어온 윤부현 씨가 빌딩을 가지고 있었는데 마침 3층이 비어 있어 임대해 주었다.

  지금 '강남병원' 바로 옆이었다.

  그때 임대보증금은 내가 희사한 봉사금 2천만 원으로 충당하였다.

  창립회원으로 들어온 분들은 지역에서 덕망이 있는 유지들이 주축이 되었다. 창립회원으로 참여하여 회장까지 지낸 분들 중 이미 고인이 된 이종세 전 회장, 김석기 전 회장 같은 분들은 잊을 수 없는 분들이다.

  특히 김진선 선배는 신갈라이온스클럽에서는 잊어선 안 될 분이다.

  내가 지역사회나 군대에서 후배임에도 기꺼이 초대 총무를 맡아주었다.

  김진선 선배는 해군사관학교 졸업 임관 후 해병대에서 근무하다 중령으로 예편한 분이다. 나와의 인연은 해병대 입대 직후 진해에 있는 신병훈련소에서 만남이었다.

  그때 김 선배께서는 훈련소 본부 중대장이었다.

  신갈에서 나와 동기생 한 분과 진해 신병훈련소에 갔을 때 우리 두 사람을 불러 격려해 주고 나에게는 08(포병) 병과로 배속시키고 또 한 사람은 공병으로 배속시켜 주었다.

  그때 내가 입대 일 년 전인 1965년 해병대가 청룡부대로서 월남(베트남)에 파병되어 있을 때였다. 보병은 병력 손실이 많을 때라 거의 월남 전선에 다 갈 때였다.

김진선 선배는 지역 후배들의 안전을 위해 배려해 주었던 것이다.

김진선 선배를 찾아가서 내가 청을 드렸다.
창립하는 과정이라 어려움이 많고 우선 창립회원 확보가 되어야 하는데 참여해 주십사 부탁을 드렸다. 김 선배께서는 쾌히 승낙해 주었다.
창립 후에도 클럽이 안정 되려면 사무체계 확립, 조직의 활성화 등 여러 가지 할 일이 많았다.
김 선배께서는 사무체계는 내가 총무를 맡아 잡아 주겠다고 하면서 자청하였다.
나로서는 '백만 원군' 보다 더 큰 힘이 되었다.
김진선 선배님께 감사드린다.

신갈라이온스클럽 창립 때 지구총재는 황선정 총재였다. 많은 지원을 해 준 잊을 수 없는 분이다. 그분은 장수를 못하고 신갈라이온스클럽 창립되고 나서 3년이 지났을 때 별세하여 고인이 되었다.
그때는 라이온 복장부터 지금과 달랐다. 라이온스클럽의 각종 회의나 활동 시 모자를 썼다. 회원이 입회할 때도 이사회의 심사를 거쳤다. 직업도 동일한 회원이 있을 때는 입회가 제한되었다.
중요한 행사는 '헌장의 밤'이었다. '헌장의 밤' 행사와 '회장이·취임식'은 나누어 했다. 일 년에 큰 행사가 두 번이었던 것이다.

올 해는 신갈라이온스클럽 창립 32주년이 되는 해이다.

그동안 많은 변화가 있었다.

클럽 회관이 상갈동으로 이전한 것이 가장 큰 변화이다.

클럽의 기금과 라이온의 적극 참여로 이루어진 결실이었다. 클럽 자체 회관을 마련한 것은 흔치 않은 일이다. 대개 건물을 임대하여 클럽 운영을 하기 때문이다.

이제 '차터멤버'도 몇 분 남지 않았다.

나 개인으로도 사십 대에 창립을 주도하여 신갈라이온스클럽 1,2대 회장을 했지만 이제 칠십 대의 중반 나이가 되었으니 창립할 때가 엊그제 같은데 쏜살같이 지나간 세월의 무상함을 느낀다.

되돌아보면 그때가 가장 왕성한 의욕을 갖고 사회생활 한 기간이었다고 회고한다.

신갈라이온스 클럽을 창립한 1년 후 1991년 최초로 치러진 지방선거에서 나는 경기도 의원 후보로 입후보하여 경기도의원으로 당선되었다.

그때 지방의원은 무보수 명예직이었고 경기도의회 청사가 없어 '경기도 문화예술회관'을 빌려 임시 '경기도의회' 청사로 쓰던 때였다.

국제봉사단체인 라이온스클럽은 많은 사회봉사 활동을 통해 정부나 지방자치단체의 손길이 미치지 못하는 곳에 박애정신을 발휘하여 많은 봉사를 하고 있다.

어느 때나 지구촌 한편에선 전쟁이 없었던 때가 별로 없는 것이 역사적 사실이다.

최근 러시아 침공으로 촉발된 '우크라이나'와 '러시아' 간 전쟁으로 많은 난민이 고통 받고 있다고 한다.

  국제봉사단체인 라이온스협회가 전쟁난민 돕기 활동을 통해 인류의 평화와 박애정신을 유감없이 발휘하고 있다.

  사람이 일생을 살면서 잘한 일은 공(功)이 되고 허물은 과(過)가 된다.

  내가 지금껏 살아오면서 가장 잘했다고 자평하는 것 중 하나가 '신갈라이온스클럽' 창립에 앞장선 일이고 또 하나는 '수지신용협동조합'을 창설한 일이다.

  신갈라이온스클럽 회원뿐만 아니라 모든 라이온과 네스 여러분은 세계에서 가장 봉사의 양과 질적인 면에서 최고의 국제봉사단체 일원이 된 것에 긍지를 갖기 바란다.

아름다운 여정
– 용인불전연구소 소장이 되다

용인불전연구소의 설립 목적과 기능

불교란 무엇인가?
불교의 목적은 행복을 실현하는 데 있다.

이고득락(離苦得樂)은 고통을 여의고 행복을 얻는 것이다.
이론과 함께 실천수행이 반드시 필요한 종교가 불교이며 석가모니 부처님의 가르침을 배우고 배운 대로 수행하면 마음의 모난 부분이 거두어지고 탐(貪), 진(瞋), 치(癡)로 인해 생기는 모든 번뇌 망상을 계(戒), 정(定), 혜(慧)의 삼학(三學)으로 바꾸면 상(常), 락(樂), 아(我), 정(淨)의 행복한 경지에 이룰 수 있다.

용인불전연구소 의 목적과 목표

목적

용인 특례시는 인구 120만의 도시로 준 광역자치단체 버금가는 도시이다.

많은 종교시설 가운데 사찰 수가 1천 곳이 넘는 곳이다.

그러나 불자에 입장에서 아쉬운 것은 신도들이 자유롭게 불경을 공부하며 수행할 수 있는 공간과 시설의 필요성이 절실하다는 것이다.

불교의 학문은 팔만사천 법문을 설하고 있다. 법문은 각각 저마다의 눈높이에 맞게 학습을 하도록 설법을 전하고 있다.

'나무아미타불'을 소리 내며 부르기만 해도 성불을 이룰 수 있다고 한다.

마음이 어두우면 사물의 이치를 제대로 보기 힘들어 누군가에게도 빛을 전하기가 어렵다.

기도를 하며 꿈을 실현하기 위해서는 베푸는 마음과 참회하는 마음, 그리고 공부하는 마음과 감사하는 마음을 갖도록 해야 한다.

승가대학이나 일반 사찰을 통해 불교 경전을 공부하기도 하지만 내가 용인에서 최초로 연구소를 설립하게 된 이유는 불교적 한문 해석과 용어를 통해 경전을 이해하는 데 조금이나마 기여해 보고 싶다는 목적에서 시작하게 되었다.

함께 깨닫고 고통을 종식시키는 방법을 향해 나아가기를 기도한다.

목표

불전연구소를 시발로 하여 궁극적 〈도심 포교당〉 개설을 하는 것임.

〈도심 포교당〉에서는 불공, 기도, 불사 등 일체의 금전과 관련된 요소를 배제하고 오로지 부처님 가르침을 전파하는 것(설법만이 있는)을 목적으로 함.

부처님께서는 〈전도 선언〉을 통해 "나의 가르침을 전하기 위해 길을 떠나라, 길을 떠나되 두 사람이 함께 가지 말고 각자 한 사람씩 다른 길을 가라, 만약 나의 가르침을 전하지 않으면 나의 제자가 아니다."라고 하였음.

포교의 종류

1. 설법 포교(스님 초청 법회, 자체 불교 강좌(기초교리, 불자예절 등)
2. 문서 포교(경전 배포, 경전 해설서 및 스님들 법문집 배포, 불교 관련 에세이, 문학작품 배포 등)

불교 경전 소장

나는 젊어서부터 불교를 접하면서 자연히 스님들로부터 경전을 배우게 되었고 장년이 되어서 경전을 깊숙이 공부하게 되었다.

선거에 여러 번 낙선하게 되면서 인생의 허무와 인심의 '염량세태'를 절감하면서 부처님의 가르침에 심취하게 되어 본격적으로 공부하게 되었으며 그동안 공부하면서 소장하게 된 불경과 불서

가 5백여 권이나 된다.

  책을 많이 읽어서 좋아진 머리가 타고난 머리보다 삶에 더 유용하다는 통계가 나왔다는 말을 들었다.

  불경을 가까이하고, 기도를 가까이하고, 부처님을 가까이하기 위한 나의 기도가 연구소에 담겨있다.

나의 불교 경력

대원불교대학 졸업(1986)
용인 이동읍 소재 용덕사(굴암절) 신도 회장 약 10년,
동국대학교 평생교육원 불교 법사 과정 2년 졸업,
조계종 포교사 시험 합격 포교사 활동, (2007~8년),
동산불교대학 2년(주말 야간) 졸업(2006~8)(28기)
대덕사 불교대학 졸업 등.

용인불전연구소 사무실 전경(불경 및 불서 500여권)

길 끝에 열린 문
– 내 언어의 여행기

　잃어버린 길을 찾으며 많은 시간을 돌아, 돌아 드디어 내 언어의 출발이 어느덧 도착선에 서있게 되었음을 실감했다.
　2012년 2월 한국수필가협회 수필부문 신인문학상을 수상하며 수필가로 등단을 하게 되었다.
　늘 마음에 담아왔던 문학을 뒤로하고 정치에 먼저 입문을 하게 되었지만 문학세계를 구축하고 싶은 욕망은 늘 나를 떠나지 않고 있었다.
　"마음을 담장 너머로 던져 넘기면 나머지는 저절로 따라 넘어가게 된다."라는 말이 있다.
　광야에서 외치는 소리처럼 어려운 시간을 살아오면서도 횃불 하나는 손에서 놓지 않았다는 자부심으로 결국은 나를 찾을 수 있었으며, 마음에 품고 있었던 문학의 꿈도 이루게 되지 않았을까 생각한다. 그런 의미에서 과일나무를 심어 열매를 수확하듯 내가 살아온 삶이 참, 대견하고 고맙다.
　문학은 이상이며 현실이다. 혼자만의 세계에 몰두하며 즐기는 특권이 있다.

늦은 나이에 등단을 하고 아직 갈 길이 멀겠지만, 문학의 창조적 역할의 무대가 주어졌다는 것과 등단을 한 떳떳한 전문작가로서의 자격이 주어졌다는 영광스러운 일에 가슴이 뿌듯하다.

문학에 대한 오랜 열정 끝에 드디어 수필가로 등단을 하게 되었으니, 문학적 실천을 위해 독창성 있는 참신한 작품들로 타인을 의식하기 보다는 창의력에 집중하며 문단에 이름을 남기고 싶다.

시대의 변화에 따라 우리 삶의 가치관도 변화하고 있다. 독자들과 공감하는 가치 있는 문학을 위해 많은 고민과 노력을 할 것이며 지속적인 창작활동을 위해 열심히 해 나갈 것이다. 수필문학을 통해 현실에 대한 올바른 성찰을 바탕에 두고 문학의 대중화에 동참하며 계속 전진해 나갈 것이다.

인생 체험과 함께 사람과 자연이 교감하는 정감어린 글을 과장 없이 진실한 문장으로 표현해 나갈 것이며 생활과 직결되는 수필문학의 장을 열어갈 것이다.

그런 의미에서 틈틈이 써 두었던 나의 작품들을 소개해 보기로 한다.

동판에 참전 용사 이름을 새기다

오늘은 순국선열과 호국영령을 추모하는 현충일이다.

나라를 위해 목숨 바쳐 희생한 분 들 덕분에 우리는 자유와 번영을 누리고 있다. 호국 영령들께 감사한 마음을 가져야 될 것이다.

6월은 '호국보훈'의 달이다.

이맘때면 생각나는 일이 있다.

내가 지방선거에 용인시장 후보에 출마하여 당선되고 나서 취임한 것이 2010년 7월 1일이다.

시장에 취임하고 맨 먼저 한 일이 육이오 전쟁 참전 용사, 베트남전 참전 용사의 이름을 동판에 새겨 용인시청 지하 1층 벽면에 부착한 일이다. 그분들의 숭고한 희생정신과 공적을 영원이 잊지 않기 위해 한 일이다.

참전 용사들의 이름을 새기기 위해 관련 부서와 보훈처에서 자료를 입수한 후 이름, 생년월일, 군번, 계급, 전몰일을 동판에 새겨 넣었다.

　동판 설치할 곳을 찾아보니 지하 1층(주차장에서 건물로 들어가는 초입) 벽면 밖에 없었다. 다행히 사람 왕래가 많은 장소였다.

　참전 용사 가족들이 동판에 새겨진 조부, 아버지, 남편의 이름을 확인하러 많이 다녀갔다. 간혹 군번이 틀린다든지 오류가 있는 부분을 발견하여 정정하기도 했다.

　참전 용사의 가족이 모두 좋아했다. 긍지를 느낀 것이다.

　전국의 지자체 중에서 용인시가 유일하게 육이오, 베트남 참전 용사의 명패를 동판에 새겨 시청 청사 벽면에 부착한 것이다.

　우리가 지금 누리고 있는 자유, 번영, 시장경제의 가치는 거저 주어진 것이 아니란 것을 현충일을 계기로 새롭게 깨달아야 할 것이다.

　얼마 전 국군 유해발굴단 관련 신문 기사를 통해 알게 된 것이지만 육이오 전쟁 당시 전사한 국군장병의 유해 중 아직도 가족의 품에 돌아가지 못한 유해가 13만 여 구(軀) 된다고 한다.

　국군 전사자가 20만 명이 넘는다고 하는데 아직도 전체 유해 중 절반가량의 유해가 고향에 못 돌아가고 있는 것이다.

　이름 모를 산과 골짜기에 묻혀 70여 성상을 가족의 품으로 돌아가지 못하고 있다니…! 기막힌 일이 아닐 수 없다.

　국가에서 국방부 유해발굴단을 통해 유해발굴에 박차를 가하고 있다니 다행이다.

　유해발굴단이 용인 법화산(동백지구 뒤편 산)에서 국군 유해가 많이 발굴됐다는 보고를 받고 나도 현장에 가 본 일이 있다. 국방부 소속 유해 발굴단 장병들의 노고가 컸다.

　육이오 때, 용인 김량 지구 전투는 전사에 기록된 유명한 전투이다.

　1951년 삼십만 명에 달하는 중공군이 육이오 전쟁에 참전하여 인민군(북한군)과 함께 남진할 때 김량 지구 전투에서 저지당했는데 우리 국군과 터키 군이 막아내었던 전투이다.

　터키군 참전비가 용인관내를 통과하는 영동 고속도로 변(석성산 기슭)에 세워져 있어 매년 추모행사를 갖고 있다.

　전사자 중 아군, 적군의 식별은 군번이 들어 있는 인식표로 알 수 있는데 인식표가 없을 경우 유해 발굴 과정에서 발견된 유류품, 신던 군화, 소총 탄피, 탄띠, 벨트 바클 등을 통해서 판별한다고 한다.

　유엔군으로 참전한 미군의 전사자도 5만 명 가까이 된다고 하다.

　나라를 위해 목숨을 바친 호국영령들의 넋이라도 하루빨리 고향에 돌아가 그리운 가족 품에
　안기기를 간절히 빌어 본다.

－ 2022년 6월 6일 현충일에

마스크 쓰고 주례사

지난주 토요일 친하게 지내는 지인의 요청으로 결혼식 주례를 집전하게 되었다.
예식장은 처인구에 위치한 'P예식홀'이었다.

코로나19의 2.5조치로 예식홀 안에 들어가는 인원은 50명 이내로 제한되어 있어 홀 안에는 대부분 신랑 신부 가족과 친지 몇 사람 정도인 것 같았다.
예식홀 도우미로 일하는 직원이 주의를 환기시키는데, 신랑, 신부와 혼주 외에는 모든 사람이 마스크를 착용해야 한다고 말했다.

나는 "주례 선생도 마스크를 써야 하느냐"라고 물으니 그래야 된다고 한다.
결혼식이 끝날 무렵 신랑 신부의 양가 부모님을 향한 경례가 있는데 이때 혼주가 며느리, 사위를 포옹해서는 안 된다고 했다.

주례를 집전하기는 나도 수백 회 이상 되는데 마스크를 쓰고 주례를 집전하기는 처음이다.

'코로나19'로 인해서 상상도 못 했던 일들이 벌어지고 있는 것이다. 누구 말대로 한 번도 가보지 못한 길을 가고 있는 셈이다.

아무리 주례사를 간단히 해도 나로서는 6,7분은 걸린다.
말을 몇 마디 하고나면 마스크가 흘러내려 여간 불편한 것이 아니다. 스피치를 해도 청중에게 잘 전달도 안 된다.
핵심적인 메시지만 말하고 얼른 마무리 지었다.

나는 마음속으로 "세상 칠십 평생 살다 보니 별일을 다 경험하는구나"하는 생각이 들었다.
요즘 내가 읽은 책 중에 '코로나 이후의 세계'와 '언컨택트(Uncontact)'라는 제목의 책이 있다.

코로나 사태와 관련된 결혼식 대목이 인상적이라 소개해 본다.
- 2020년 2월 20일, 필리핀의 도시 '바클로드'에서 열린 220쌍의 합동결혼식 사진이 사람들의 시선을 사로잡았다. 혼인이 선언되는 순간에 찍힌 사진인데, 220쌍이 파란색 마스크를 쓴 채 키스하는 장면이다. 결혼식 내내 마스크를 썼고, 가장 중요한 순간에도 마스크를 쓴 채 키스를 한 사진은 바클로드 시 홍보실에서 찍어서 로이터(REUTERS)로 보냈고, 다시 전 세계 언론으로 퍼져나갔다. - 언컨택트 21,22.p)(사진 생략).

인상 깊었던 대목이 또 있다.
세계적 기업인 아마존에서 '자율주행차에 로봇이 탑승하고 물건을 배송(택배)하는 실험을 하고 있다'고 한다.

 생활패턴이 여러 분야에서 바뀔 것이란 전망을 트렌드 분석가의 시각을 통해 예시하고 있다.
 가보지 않은 길을 간다는 것은 어떤 위험이 도사리로 있는지 우려도 되지만 한편 미지의 세계에 대한 호기심도 생기는데 좋은 길라잡이가 있으면 좋겠다는 생각도 든다.

미루나무

　미루나무는 국어사전에 찾아보면 미국에서 들어 온 양버들이라 하여 미류(美柳)나무로 불렸는데 발음이 변해 '미루나무'로 불렸다고 나와 있다. 포플러로 불리기도 한다.

　일천 구백오십 년 대, 육십 년 대에 가로수로 제일 많이 심었던 나무가 플라타너스였다. 잎사귀가 어른 손바닥만 하여 비포장 국도변에 시원한 그늘을 드리웠다. 그 때는 우마차나 걸어 다니는 사람이 많아 나무 그늘이 중요한 역할을 했고 플라타너스 그늘이 좋아 인기가 높았다.
　심지어 김희갑 선생이 주연으로 나오는 '딸 칠 형제'라는 영화가 있었는데 주제가 가사에 '~플라타너스 향기 퍼지는 그늘을 거쳐서/ 달린다 달려간다 젊은 꿈을 싣고서/ 즐거운 일요일이여 ♪~' 하는 구절이 있을 정도다.

　신갈에서 용인 수원을 연결하는 42번 국도변에 플라타너스가 가로수로 심어져 있었다.

미루나무와 플라타너스 나무는 그 시대의 상징처럼 짝을 이루고 있었다.

미루나무는 개울 뚝방(제방)에 많이 심었다. 당시에는 유실수처럼 경제성도 고려한 것이다.

미루나무는 여러 가지 용도로 활용되었다. 플라스틱 그릇이 등장하기 전이라 목재로도 쓰였지만 나무 도시락(벤또), 나무젓가락(와르바시) 등으로 쓰였고 가정에서는 각목이나 송판을 켜서 집안에 주로 부엌 선반을 만들 때 미루나무를 켜 놨다가 쓰곤 했다.

우리 집은 논 농사가 많았는데 개울 뚝하고 우리 집의 논이 접해 있었고 미루나무는 홍수시 농토의 유실을 방지하기 위해 우리 집에서 일부러 심어 놓은 나무였다.

미루나무는 키가 커서 장마가 지면 개울 뚝 이 무너져 홍수에 떠내려가기도 했다. 미루나무는 개울, 도랑 등 물가에서 생장이 잘 되고 속성으로 자라기 때문에 제방에 심어 홍수 방지용으로 심었던 것이다.

초등(국민)학교 다닐 때 여름방학을 하면 미술 숙제에 제일 많이 등장하는 나무가 미루나무와 플라타너스였다.

태양이 작열하는 뜨거운 여름에는 방학 때 개울에서 물장구치며 미역 감고 놀다가 미루나무 그늘에서 늘어지게 잠을 자기도 했다.

미루나무에는 여름이면 맴맴~, 쓰르람 쓰르람~, 찌르르~ 하는 매미소리, 쓰르람 소리, 여치 소리가 여름을 상징하는 '심포니'였다.

미루나무는 직선으로 곧게 자라는데 아름드리나무가 될 때 최대 높이는 삼십 미터 까지도 자라기 때문에 멀리서 보면 우쭐 우쭐 서있는 모습이 마치 군대의 의장병이 도열해 있는 것처럼 멋있게 보였다.

여름 경치를 떠 올릴 때 미루나무를 빼놓고는 생각할 수 없을 정도다.

'70년대'에 들어오면서 플라스틱 용기가 등장했다. 플라스틱 제품이 나오면서 미루나무 도시락과 미루나무 젓가락이 사라지게 된다.

하천 제방도 '사방공사' 하면서부터 미루나무는 사라지게 된다. 구불구불했던 하천 제방을 일직선으로 만들면서 시멘트 블록이나 석축, 휀스 등을 사용해 제방 길로 변하면서 나무는 심지 않게 되었던 것이다.

미루나무 그늘에서 뛰어노는 아이들의 그림 장면의 주인공이 바로 나였고 친구들이었다.

그때의 '아이들'은 모두 늙어 칠십 대 중반이 되었고 미루나무는 시대가 바뀌어 모습을 찾아보기 어렵게 되었다.

빨간 명찰

어제 친구 모친이 별세하여 '빨간 명찰'의 사나이들이 한 자리에 모였다.
총무의 연락을 받고 많은 친구들이 조문을 온 것이다.
해병대 특유의 의리와 뭉치는 힘! 그것 빼면 정체성을 논하기 어렵다.

'한 번 해병이면 영원한 해병!'

빨간 명찰들이 진해 신병훈련소에서 인연을 맺은 지 52년의 세월이 흘렀다. 조국의 부름을 받고 청룡부대의 일원이 되어 전장에서 산화하거나 부상을 당한 전우도 있고 아직도 '고엽제' 후유증으로 병상 누워 고생하고 있는 전우도 있다.

전우로서 친구로서 끈끈한 우정으로 뭉친 '해병대 183 동기회'는 두 달에 한 번씩 정례 모임을 갖는데 멀리 부산에서부터 광주, 대구 강원 화천 등 전국에서 식지 않는 뜨거운 열정으로 모인다.

아무리 나이가 많이 들었어도 '삼군에 앞장선다.'라는 해병대 특유의 긍지와 강인한 정신이 외모에서 풍긴다.

 달라진 것이 눈에 띈다면 오십여 년 전의 앳된 새파란 청년의 모습이 아니라 노년의 모습으로 변했다는 것이다.
 세월은 누구도 피해 갈 수 없는 것이 자연의 섭리요, 철칙이니 세월만큼은 '귀신 잡는 해병대'도 꼼짝 못 하게 늙은이의 모습으로 바꿔놓고 마는가…

 이십대 초반의 삼단 같은 머리채가 백발로 변한다는 말처럼 검은 머리칼은 하얗게 세어지고 머리숱이 적어지다 보니 겨울이면 머리가 시려 숫제 모자를 쓰고 다니는 친구가 여러 명이다. 얼굴은 인생 계급인 주름살이 생기고…

 나는 원래 모자 쓰기를 싫어하는 성격이다. 아직도 외출할 때 모자를 쓰지 않는다. 그럴 만한 이유가 있다.
 우리 집안 내력과 조상의 DNA가 그런지는 몰라도 머리 '사이즈'가 유달리 큰 편이다. 보통 크기의 모자는 내 머리에 맞지 않는다. 머리 사이즈가 크다 보니 진해 신병훈련소에서 훈련 받을 때 머리 통이 큰 혹독한 댓가(?)를 치렀다.

 훈련소에서 툭 하면 '단독무장', '완전무장'에 선착순 집합이 실시되었다. 나는 머리에 철모가 맞지 않아 급박한 상황에서 헬멧 속의 끈을 조정할 시간이 없어 한 손에 M1 소총을 들고 한 손에는 철모를 들고 뛰었다. 교관이나 소대장한테 걸리면 철모를 쓰지 않고 뛰었다는 이유로 '원산폭격(꼬라박아)' 실시를 수도 없이

했던 쓰라린(?) 기억이 되살아난다.

또 젊어서는 멋을 부린다고 이발관에 가서 머리에 포마드를 반지르르하게 바르고 '고데기'로 머리를 붙이고 고정시켜 바람이 세게 불어도 머리카락 한 올 흩어지지 않았다. 내 머리 숱이 워낙 많고 뻣뻣했기 때문이다. 아무튼 머리에 모자를 쓰는 것은 질색했다.

그런데 지난겨울에는 나도 머리에 '공터(?)'가 많이 생겨 별 수 없이 밖에 나가 걷는 운동이나 마당에 눈을 치울 때는 날씨가 너무 춥고 귀가 시려서 방한모를 쓰지 않을 수 없었다.

내가 젊었을 때 주름살이 쪼글쪼글 많은 노인을 보면 속으로 나야 뭐 나이가 많이 들어도 저렇게까지 늙기야 하겠어? 하고 철없는 생각을 했는데 이제 내가 늙어 그 나이가 되니 비로소 모자를 왜 써야 하는지 그 마음을 이해하게 된 것이다.

이제 절기로 치면 우수가 지나고 오늘 개구리가 겨울잠에서 깨어난다는 '경칩'이다.
봄이 되면 추위에 움츠렸던 노인이 기력을 회복한다는 '회춘(回春)'이라는 용어가 있다. 옛날 조선조 시대에는 효자 아들이 아버지의 회춘을 도왔다는 얘기도 전해 온다.

친구들도 겨울 내 위축됐던 몸과 마음에 활력이 솟구쳐 회춘을 하기 바란다.
젊어서는 조국의 부름을 받고 몸 바쳐 젊음을 불태운 역전의 용사 아닌가! 이제 삶의 현장에서도 백전노장으로서 승리하는 인생, 행복한 삶이되길 바라는 마음 간절하다.

그리스의 철학자 헤라클레이토스는 이런 말을 남겼다.
"우리는 같은 물에 두 번 발을 담글 수 없다."라고, 지금 이 순간 행복하게 잘 살아야 한다. 미래가 행복하리란 보장이 없다.

논어에 칠십이종심소욕불유구(七十而從心所欲不踰矩)라는 말이 있다.
나이 칠십이 되면 마음먹은 대로 행하여도 법도를 넘어서지 않는다. 라는 뜻이다.

나도 나이가 많으니 자유롭게 행동하되 법도를 넘어서지 않고 남에게 베풀며 도움이 되는 삶을 사는 '노익장(老益壯)'이 되기를 마음속으로 빈다.

소년등과

예부터 내려오는 말에 '소년등과(少年登科)'라는 말이 있다.

어린 나이, 젊은 나이에 일찍 출세하는 것을 일컫는 말이다.
조선조 시대에는 나라에서 치르는 과거시험에 응시해서 어린 나이에 장원급제하면 '소년등과'라고 했다.
나이 이십 세가 못 돼서 '대과급제' 한 인물이 여럿인데 이이 율곡선생이 그랬고, 소년등과 해서 불행으로 삶을 마감한 인물 중 대표적인 사람이 세조 임금 때 남이(南怡, 1441~1468) 장군이다.

남이 장군이야말로 '소년등과'(17세에 무과급제) 해서 이십육 세에 병조판서를 한 분이다. 삼십도 못 돼서 일국의 병권을 쥐다 보니 그 위세가 대단했던 모양이다.
남보다 너무 앞서가다 보면 반드시 시기하는 사람이 생기게 마련이다.

남이 장군이 시(詩)를 지었는데 시귀(詩句) 중 남아이십미평국 (男兒二十未平國), 이라는 대목이 있는데 해석한다면 '남아 이십 세에 나라를 평정하지 못해서야 사내 대장부라 하겠는가'라는 뜻이다. 무인으로서 외적을 막아 나라를 평안하게 못해서야 되겠는가… 하는 우국충정의 뜻을 표현한 것인데, 이 문구를 문제 삼았다. 당시 유 씨 성을 가진 사람이 모함해서 임금에게 고했다.

시귀(詩句) 중에서 미평국(未平國)을 미득국(未得國)으로 글자 한 자 고쳐 임금에게 고해바치고 반역을 꾀한다는 '역적모의'로 몰아붙인 것이다.
'득국'은 나라를 얻는다는 것인데 글자 한 자 고친 것이 남이 장군을 '파국'으로 몰고 갔던 것이다. 남아 이십 세에 나라를 얻지 못한데서야 되겠는가… 라는 뜻으로 둔갑하다 보니 임금이 해석할 때는 조정을 뒤엎으려는 불순한 뜻으로 곡해될 수밖에 없었던 것이다.

남이 장군은 이십칠 세에 역적으로 몰려 형장의 이슬로 사라졌던 것이다.

어려서 천재 소리 듣던 사람 치고 성인이 돼서 큰 인물이 되어 국가 사회에 업적을 남겼다는 얘기를 내가 과문한 탓인지 몰라도 듣지 못했다.

인생의 삼대 악재(三大惡材)중 하나가 '소년등과'이다.
요즘 사회 풍조를 보면서 느끼는 점이 있다. 너무 일찍 출세해서 '기고만장'하고 교만해져서 '사고치는' 사람이 눈에 띈다. 머리에 맞지 않는(?) 감투를 쓰다 보니 앞뒤 못 가리는 것 같다.

어디 사람만 그런가?
과일도 덜 익으면 맛이 영, 시고 떫다. 젊은 사람이 교만하고 예의를 모르면 '시건방지다'라는 말을 듣는데 시고 떫다는 말과 무관하지 않다. 실제 젊은 사람이 일찍 출세해서 목에 빳빳하게 힘주고 안하무인으로 행동하는 사람이 더러 있다. 사람이고 과일이고 설익어 좋을 것은 없는 것 같다.

지도자의 자격요건이 지식과 능력 등 한두 가지가 아니지만 중요한 것은 경륜과 인품일 것이다.

일찍 출세했다고 우쭐해서도 안 되고 뒤 늦게 출세한다고 의기소침할 필요도 없다.
권력무상 아닌가 인생 만사 새옹지마라고 했다.
젊은 나이에 소위 현대판 '소년등과'한 사람은 옛날 고사를 도외시하면 안 될 것이다.

수여선 열차˚ 첫사랑 P양

  수여선 기차를 타면 반드시 거쳐야 하는 곳이 '원천역'이다.
  원천방죽은 기차역에서 삼백 미터 정도로 가까운 거리였다.
  수여선은 수원과 여주를 연결하는 협궤열차였다. 경기도에서 일제 강점기에 건설한 협궤열차가 '수인선'과 '수여선'이다.
  일본인들이 일천구백삼십 년대에 건설했다고 한다.
  예부터 여주, 이천 쌀은 조선조 시대에도 임금님 수라상에 올라가는 진상미였다. 그만큼 미질(米質)이 좋고 밥맛이 좋아 지금도 이천, 여주 쌀은 전국적으로 그 이름이 알려져 있다.

  용인지역도 좋은 백옥 쌀도 있지만 산림면적이 넓어 풍부한 임업자원이 많았다. 일제강점기에 각종 건축자재로 쓰는 목재와 목탄을 연료로 쓰는 등 활용가치가 높아 수탈에 혈안이 되었던 것이다.
  수여선은 일제의 수탈을 위한 운송수단이었던 것이다.
  수여선 철도는 70년대에 정부에서 매각 처분하여 역사 속으로 사라졌다. 수인선은 그대로 보존되어 관광열차로 활용되고 있다.

한다.

　수여선은 주민들이나 통학하는 학생들의 유일한 교통수단이었다. 그때는 버스도 안 다닐 때였다. 학생들은 수원 방향과 김량장(용인) 방향의 두 갈래로 통학을 했다.
　내가 사는 신갈지역은 수원이 지리적으로 가까워서 수원으로 학교 다니는 학생이 많았다. 내가 사는 고장 기흥면에는 초등(국민)학교 외에는 중, 고등학교가 아예 없었다. 다만 육이오 전쟁 직후 이북에서 피난 온 목사가 설립한 '배성중학교'가 있을 뿐이었다. 당시 문교부로부터 정식 인가가 난 학교는 아니었다고 한다.

　수여선은 신갈역에서 화성(인계동) 역까지 가는 중간에 원천역이 있었다.
　나는 원천역이 가까워지면 가슴이 두근거리고 설레었다.
　역은 작지만 플랫폼에는 교복(세일러복)을 입은 여학생이 날 기다리고 있기 때문이다.

　수원여고 다니던 P양!
　서글한 한 눈매에 활짝 웃는 얼굴은 마치 한 떨기 '함박꽃' 같다. 키도 늘씬했다. 그리고 예뻤다. 그녀는 날 사랑했다.
　나는 연애를 일찍 한 편이다. 그것은 나의 외로운 가정환경과 무관하지 않다.
　집에 들어가면 할머니 외에는 모두 타인이나 마찬가지였다. 살갑게 대하는 사람이 없다보니
　집에 가면 대화 할 사람이 없었다. 할머니는 이미 노쇠하였고

사촌들이 다섯이나 생겨 한 집에 살다 보니 나는 할머니에게 여러 손자 중 하나일 뿐이고 사촌인 어린 손자들에게 정이 쏠려 있었다. 그리고 할머니는 '광 열쇠(살림권)'를 며느리(나에게 숙모)에게 넘겨주어 아무런 힘이 없었다.

나에게 정신적 의지처가 되던 조부께서 고등학교 2학년(18세) 때 돌아가셨다.

나는 정신적으로 공허하고 외롭고 힘들었다. 특히 용돈이 떨어지면 숙모에게 용돈 달라는 말이 입에서 나오지 않았다. 눈치가 보였기 때문이었다.

그때 나에게 태양과 같은 존재가 P양이었다.

나와 P양은 열렬히 사랑했다. 사랑의 표현은 편지 밖에 다른 수단이 없었다. 주로 하급생을 시켜 연애편지를 주고받았다.

원천역에서 그녀는 내가 타고 있는 기차 칸으로 탑승해서 눈을 맞추고 방긋 미소 지었다. 그녀는 나에게 학창생활의 활력소가 되었다. 나는 연애편지를 쓰기 위해 시집도 많이 읽었다.

수원고등학교에서는 내가 문학을 좋아하고 백일장에서 장원했다고 '문예반장'을 시키기도 했다.

당시에 남, 여 학생이 함께 다녀도 눈총을 받을 때이고 데이트 할 장소도 야외 아니면 없었다.

나와 P양은 토요일을 이용해 수업이 오전에만 있을 때라 원천역에서 주로 만났다. 인근에는 원천방죽이 있었는데 놀러 오는 사람이 많았고 소위 '깡패'라고 하는 불량소년들이 출몰(?)해서 금품을 갈취하고 남녀가 데이트하면 집적거리는 일이 가끔 있었다.

  나와 P양은 원천역 에서 열차가 다니는 철로를 걷는 것이 가장 한적하고 이상적인 데이트 코스였다.

  원천역과 신갈 중간에는 '덕굴(덕곡)'이 있었는데 기차가 다니는 '터널'이 있었다. 그곳은 고개를 깎아 만든 곳이라 오르막길이 되다가 터널이 지나면 내리막길이 되는데 그곳을 지나면 얼마 가지 않아 신갈이 나온다. 덕굴이 있는 지역은 현재 '태광 컨트리클럽'이 자리 잡고 있다.

  원천역 에서 덕굴을 지나 신갈 쪽으로 오면서 우측으로는 야산이 쭉 이어져 있는데 봄이면 진달래, 철쭉, 개나리가 만발하여 경치가 좋았다.

  어느 해 화창한 봄날 나와 그녀가 원천역 에서 철로로 걸어오다가 덕굴을 지나 야산 등성이에 앉아 사랑의 밀어(密語)를 나누었던 진한 기억이 난다.

  그녀와 나는 진달래 꽃이 지천으로 피어 있는 잔디밭에 앉아 손을 꼭 잡고 바라보면서 시간 가는 줄 몰랐다.

  나는 진달래 꽃향기 보다도 그녀 향기에 푹 빠졌던 풋풋하고 황홀했던 첫사랑의 기억이지금도 잊히지 않는다.

  아아! 수여선, P양, 영원히 잊지 못할 그 이름이여!

어머니의 선물

　내가 초등(국민)학교 2학년 때, 아침저녁으로 소슬한 가을의 냉기가 느껴지고 나뭇잎이 누릇누릇 단풍이 물들 무렵이었다. 방과 후에 집에 돌아오니 웬 낯선 아줌마 한 분이 와 있었다. 그런데 할머니의 표정이 밝지 않고 역정이 난 표정을 하고 계셨다.
　낯선 아줌마에게 나무라는 듯한 말씀을 하시는 것을 얼핏 대문을 들어서다 들었는데, 학교 잘 다녀왔습니다. 하고 인사를 하자 말씀을 뚝 끊었다. 그리고 낯선 아줌마를 가리키며 이분이 친척 아줌마뻘 되는 분인데 인사 여쭈라고 하신다.
　내가 꾸벅 인사를 하자 낯선 젊은 아줌마는 뚫어져라 나를 쳐다보더니 눈에 눈물이 글썽하는 것이 아닌가? 나는 영문을 모른 채 물끄러미 바라보고 있는데 할머니께서 "어서 들어가서 책가방 들여놓고 세수하고 씻어야지 뭐 하고 있니" 하셨다. 그 말에 나는 방으로 들어갔으나 궁금증이 들었다.
　그런데 대청마루에는 웬 옷이 있었는데 얼핏 보기에도 좋은 옷 같았다. 나중에 안 것이지만 그 옷은 고급 스웨터와 서지(serge) 옷감으로 만든 바지였다.

중학교 때 삼촌으로부터 들은 얘긴데, 그때 찾아왔던 낯선 아줌마는 나의 이모였다. 그리고 스웨터와 고급 바지는 어머니가 보낸 선물이었다. 날씨가 추워지니 두고 온 아들 생각이 나신 모양이었다.

그 당시 스웨터와 서지 바지는 부잣집 아이들이 입는 고급 옷이었다. 1950년대 중반이니 물자가 귀하고 세 끼 밥 먹기도 힘든 시절이었다. 전쟁 직후라 미군부대에서 흘러나오는 소위 '양키 물건'이 공공연하게 암거래되고 있었다. 미군이 입던 군복 중에서도 겨울철에 입는 정복에 속하는 서지는 그나마 부잣집 아니면 만져보지도 못하는 옷이었다. 옷 중에도 값나가는 비싼 옷이었던 것이다.

나는 그 옷을 그해 겨울부터 다음 해 겨울을 나기까지 잘 입었는데 언젠가부터 그 옷이 자취를 감추고 말았다. 할머니께서 하나밖에 없는 장손이 생이별한 어머니 생각할 것을 염려하여 옷을 불 때는 아궁이에 집어넣어 불살라 버린 것을 사춘기가 지나서 뒤늦게 알게 되었다.

어머니는 이미 다른 사람과 재혼해서 살고 있었지만 그래도 두고 온 아들 생각이 나서, 직접 올 수 없는 형편이라 이모를 시켜 아들에게 처음으로 옷을 장만하여 보낸 것이었다.

아버지는 내가 세 살 때 돌아가셨다. 그때 어머니 나이가 23세였으니 요즘으로 치면 아직 학교 다닐 나이였다. 아버지 세대는 지금보다는 조혼이 관행이고 당연한 것이었다.

어머니와 내가 헤어진 것은 할머니 때문이었다. 신식 여성인 할머니는 어머니와 손자의 앞날을 생각해서 어머니에게 새로운 길을 열어주기 위해 강제로 떠나보냈던 것이다. 어머니께서 나

하나 낳으시고 생이별한 까닭에 외갓집하고의 인연도 끊어졌다.

나는 조부모님 슬하에서 남부럽지 않게 유복하게 자랐다. 그러나 사춘기가 되자 나는 왜 부모가 안 계실까 의구심이 들고 알고 싶어졌다. 그러다 보니 친척들이나 마을의 이웃집 어른들을 통해서 그 이유를 차차 알게 되었다.

할머니께서는 손자가 어머니에 대한 환상이나 그리움을 갖는 것을 극도로 경계하였다. 손자의 앞날을 위해서 그렇게 하였다는 것을 세월이 많이 흐른 후에 알게 되었다. 손자가 불행하게 될까봐 다 그렇게 하신 것이리라.

지금도 같은 대한민국 하늘 아래 살고 있지만 너무도 멀리 계신 어머니, 건널 수 없는 세월과 업보의 강물이 저와 어머니 사이를 갈라놓고 있습니다.

낙엽이 지는 가을이 되면 어머니가 이모를 통해 보내신 처음이자 마지막 선물, 스웨터와 서지 옷이 생각납니다.

어머니 올해 춘추가 84세. 부디 오래오래 사시고 만수무강하십시오!

* 「어머니의 선물」은 『한국수필』誌 제205호에 신인수상작으로 선정되어 등단하였고 등단 패를 받았음.(2012년 6월 15일)

영선골 뻐꾸기

뻑- 꾹~ 뻑뻑- 꾹~

영선골은 뻐꾸기 울음소리가 유난히 낭랑했다.

용매산 너머 골짜기 울려 퍼지는 뻐꾸기 울음소리, 여름이면 쓰르라미, 매미 소리, 가을이면 찌르라기, 여치 소리와 귀뚜라미 소리.

영선골은 우리 논배미가 다섯 마지기 정도 있었고 남의 논까지 골짜기 전체가 계단식으로 형성되어 있었다.

용매산 산기슭을 돌아 뒤편으로 가면 영선골이 나온다. 논은 천수답으로 비가 내리지 않으면 농사짓기가 힘든 때였다.

요즘은 농사도 기계화되어 옛날보다 훨씬 수월해졌다고는 하나 역시 농사일은 지금도 힘든 일임에는 틀림없는 것 같다. 트랙터니 콤바인이니 하는 각종 농사용 기계화가 더 진화해서 '드론'이 하늘을 날며 농약이나 비료를 사람 대신 살포하고 스마트 폰으로 비닐하우스 작물재배에 따른 온도, 습도 조절을 하는 스마트 농법이 등장했다니 격세지감이 든다.

 영선골 에는 모판 설치를 하고 모내기를 하는 시기부터 나에게도 할 일이 있었다. 모를 심는 날이나 김매는 것, 논 써레질 하는 것, 가래 질 하는 것, 어느 것 하나 고된 노동일 수밖에 없었다. 힘든 일 할 때면 '일꾼'들 먹으라고 새참(간식)을 내간다.

 아낙네가 밥 광주리를 머리에 똬리를 받쳐 이고 가는데 반드시 따라가야 하는 것이 막걸리(탁주)가 들어 있는 주전자다.
 새참은 아침밥과 점심밥 사이, 점심밥과 저녁밥 사이에 먹는 간식을 새참이라고 했다. 밥 대신 파전이나 밀떡을 안주로 내갈 때도 있었다. 들일이나 논일에 쓰이는 그릇은 거의 양은(알루미늄) 대접이나 바가지였다.
 일하던 일꾼 아저씨는 막걸리를 바가지에 가득 담아서 벌컥벌컥 들이킨다. 구슬땀을 흘리며 일하다 보니 목이 말라 그랬을 것이다. 안주는 간단하다. 풋고추를 고추장에 찍어 우적우적 씹어 먹거나 생오이를 뚝 잘라먹기도 했다.

 모를 낼 때도 일하다 보면 꾀를 부릴 수 없어 허리 펴기도 어려웠다. 여러 사람이 일렬로 늘어서서 동시에 못줄을 떼기 때문에 한 사람이라도 꾸물거리면 여러 사람 눈총을 받기 일쑤였다.
 모를 내고 나서는 잡풀을 제거하는 김을 매 주어야 하고 가을이 가까워 오면 '피'를 솎아내는 '피살이'를 해야 한다. 아이들은 휴일이면 논에 나가 참새 쫓는 역할을 하기도 했다. 곁들여 메뚜기를 잡기도 했다.
 모를 내기 전에도 쟁기질로 흙을 떠엎고 써레질을 해야 한다.

써레질은 논바닥을 평평하게 고르는 작업인데 사람이 써레를 잡고 소가 끈다. 모든 작업이 사람의 육체노동으로 이루어지다 보니 일꾼들의 먹새(먹음새)가 셌다.

오전 오후 '새참'이 꼭 있어야 한다. 새참이 없으면 일꾼들이 허기져서 일을 하지 못한다. 일해주고 품삯을 받는 경우도 있고 대체로 품앗이가 많았다. 이웃 간에 일을 도와주면 나도 이웃집에서 논을 맨다던지 벼를 벤다던지 할 때 하루 도와주는 것이 품앗이다. 그것이 두레정신이다.

영선골 논 옆에는 용매 산기슭 아래쪽으로 맑고 시원한 샘물이 있어 샘물을 떠 마시기 좋았다.
우리 동네에 탁주를 제조하는 큰 '신갈 양조장'이 있었는데 우리 집에서 직선거리로 이백 미터 정도 떨어져 있어 막걸리를 받아 오는 일은 내 몫이었다.
심부름 갈 때 양은 주전자를 들고 양조장에 가서 소두 한 되 또는 대두 한 되 하는 식으로 달라고 해서 받아 온다. 집에 돌아올 때 반드시 거쳐야 하는 골목길이 있어 지날 때마다 주전자 꼭지를 입에 물고 몇 모금 마신다.
어린 나이에도 새큼하고 싸한 술맛이 좋아 술이 목구멍에 넘어가면 기분이 좋아졌다. 그러다가 얼굴이 빨개지면 어른들한테 들켜 꾸중을 듣기도 했다. 귀여워서 그랬는지 애교로 봐줬는지 심하게 하지 않아 다음에 또 마시는 것이 반복됐다.

막걸리 맛을 영선골 새참 내 가는 심부름 때문에 알게 됐던 것이다.

나는 밥 광주리를 머리에 이고 가는 동네 아주머니 뒤를 막걸리가 든 양은 주전자를 들고 따라간다. 그 일은 새참 때 내가 하는 중요한 임무(?)였다.

오월의 숲 속에서 울어대는 뻐꾸기 소리가 나에게는 음악소리처럼 듣기 좋고 엄마의 품처럼 아늑한 기분이 들었다.
영선골 에는 뻐꾸기가 많이 사나 보다 하고 생각했다.

나에게는 그 시절이 어릴 때 기억 속에 가장 행복했던 때였다. 그것은 끔찍이도 나를 사랑해 주는 할아버지와 할머니, 그리고 나, 세 식구만 살 때였기 때문이다.
영선골은 이름조차 없어졌지만 논도 다 없어지고 신갈고등학교, 자동차 운전학원, 교회당, 백남준 아트센터, 음식점, 카페 등이 들어섰다.
새참을 먹던 어른들은 이미 세상을 뜬 지 오래됐고 영선골에 새참 심부름을 하며 호드기를 꺾어 불던 소년이었던 나도 이젠 늙었다.

영선골의 뻐꾸기 울음소리는 어릴 때 나에게는 행복한 '심포니'였다.

용뫼산의 메아리

용뫼산은 그리 높지 않은 야산이다. 산 높이가 어림짐작으로 일백 미터 정도로 보이니 말이다. 그런데 내가 어릴 때는 이 세상에서 가장 높은 산으로 보였다.

용뫼산은 나 어릴 때 아이들은 모두 '용매산'이라고 불렀다.

용뫼산이 바른 명칭이라는 말이 있고 용과 매가 살던 산이라 '용매산'으로 부르는 것이 맞다 는 주장이 있어 어떤 이름이 정확하게 맞는지는 잘 모른다.

용뫼산은 내가 사는 갈천 마을에서 정면으로 바라보이는 산이다.

그 용뫼산을 가기 위해서 개울(신갈천)을 건너야 한다.

개울은 폭이 넓은 편이어서 여름 장마 때엔 넓게 흐르다가 가뭄이 들면 개울 폭이 좁아진다.

물이 깊지 않아서 홍수 때 외엔 아이들도 물에 들어가 바지만 걷어 올리고 건너 다닐 정도였다.

용뫼산 중간 지점 밑으로는 개울물의 수심이 깊었다.
산 아래 튀어나온 바위 밑의 물 빛깔이 검푸르게 보일 정도로 깊었다. 그곳은 물이 흐른다기보다는 고여 있는 연못(용소)과 흡사했다. 물 가운데는 어른 키로 한길이 넘어 아이들은 들어가길 꺼려했다. 헤엄치기에 자신 있는 아이 아니면 들어갈 엄두를 내지 못했다.

그래서 누가 지었는지는 몰라도 일설에는 그 바위 밑 못에서 용이 하늘로 올라가고 산에는 매가 살았다든가 또는 용과 매가 싸워서 '용매산'이라고 이름이 붙여졌다고 한다.
산의 높이나 규모로 봐서는 용과 매의 이야기는 과장된 얘기인 것만 같다. 그래서 '용뫼산'이라고 부르는 게 맞는 것 같다.

그 용뫼산이 우리 집 소유의 산이었다. 산등성이에는 아버지의 산소가 있었다. 그러니 나와는 떼려야 뗄 수 없는 깊은 사연이 깃든 산이다. 그 산 너머에는 우리 논이 있는 '영선골'이라는 골짜기가 있었다.
나의 아버지는 집안의 희망이었다.
조부모의 기대를 한 몸에 받던 나의 아버지, 건(健)자(字) 식(植)자(字)어른!
아버지가 한창 새파란 나이인 스물네 살에 저 세상으로 갔으니 우리 집안에 암운이 드리운 청천벽력 같은 불운이었다.
부모의 억장이 무너진다는 말이 그런 경우에 해당하는 말일 것이다. 자식이 죽으면 부모 가슴에 묻는다는 말이 있다. 집안의 장남으로서 부모의 사랑과 기대를 한 몸에 받다가 불귀의 객이 되었으니 조부모의 참담한 심경을 감히 헤아리기도 어렵다.

나의 아버지는 당시 '터부' 시 되던 자유(연애) 결혼을 하였다.

아버지는 8.15 해방 전 보성전문학교(고려대 전신) 법학과에 재학 중이었다. 조부모님은 한학에 조예가 깊고 전통적 유교사상에 철저하여 완고한 편이었다. 아버지의 연애결혼을 찬성할 리 없었다. 부모가 탐탁히 여기지 않는 혼인을 아들의 고집으로 결혼한 것이다. 자식 이기는 부모 없다는 말이 있듯이 말이다.

우여곡절 끝에 결혼하게 된 아버지 어머니, 인연이 짧아 결국은 사별하고 말았다.

아버지를 애지중지했던 조부모는 아버지의 신혼살림 집을 서울 상도동에 마련해 줬다. 아버지는 학교에 다니면서 신혼의 단꿈을 꾸었던 것이다. 아버지는 결혼 후 건강이 차차 나빠져서 급기야 병환이 들어 신갈 본가로 오게 된다.

그렇다 보니 어머니는 시어머니인 할머니의 눈총을 받을 수밖에 없는 처지가 되었다. 아버지는 병환을 앓다가 내가 세 살 때 스물네 살, 청운의 꿈도 펴지 못한 채 돌아가셨다.

아버지의 무덤을 쓴 곳이 바로 용뫼산이다. 할머니는 산에 올라 아들의 산소를 볼 때마다 비탄에 잠겨 긴 한숨을 내 쉬곤 했다.

용뫼산에는 상수리나무, 굴참나무, 오리나무, 왜 소나무 등 잡목이 우거졌는데 일제 강점기 때 들어 온 아카시아 나무가 산에 퍼져 아버지 묘소까지 뿌리가 뻗어 들어갔다고 한다.

할머니는 아들의 산소를 볼 때마다 보기 흉하다고 늘 입버릇처럼 말하더니 내가 군대 생활 삼년 마치고 돌아왔을 때 아버지 산소는 사라지고 없었다.

할머니는 아들의 묘소를 없애고 유해는 화장해서 유골도 어느 산에다 뿌렸다고만 말했다. 그래서 아버지 묘소는 없어진 것이다.

할머니는 그렇게 해서라도 당신 가슴에 박힌 대못을 뽑아 버릴 생각이었는지 모른다. 그렇게 짐작만 할 뿐이다.
아버지가 저 세상으로 가면서 나의 운명은 백팔십도 바뀌게 된 것이다. 그 후 할머니와 어머니는 한 지붕 밑에 함께 살 수 없는 운명이 되었던 것이다. 옛 속담에 아낙네가 상부하면 집안에서 '서방 잡아먹은 X이다'라고 했단다.
아버지가 세상을 떠났을 때 할머니의 연세는 마흔 여덟이었다.
조모는 어머니에게 말하길, "내가 학규를 키울 테니 너는 네 갈 길가라" 하고 어머니를 친정으로 보냈다는 말을 들었다.

나 하나 낳고 친정으로 간 어머니는 그렇게 해서 아들인 나와의 인연은 끝나고 말았다. 그 후 세월이 흘러 어머니가 박 씨 성을 가진 교직에 있는 사람과 재혼해서 살고 있다는 소식을 풍문으로 들어 알게 되었다. 나는 외갓집과도 자연히 인연이 끊어졌다.
나는 조부모가 아니었으면 '사고무친'의 고아나 다름없었던 것이다.
만약 아버지가 돌아가시지 않았더라면 나의 운명은 현재와는 크게 달랐을 것이다. 우선 서울 사람이 되었을 가능성이 크다. 그러나 역사에 '가정이란 없다'라는 말이 있듯이 개인의 경우도 마찬가지일 것이다.

용뫼산에 산소가 있을 때 한 번이라도 더 쳐다보고 산에 오를 때마다 얼굴도 기억이 안 나는 아버지 산소에 가서 절을 했던 기억이 엊그제처럼 새롭기만 하다.

나에게 있어 용뫼산은 이래저래 추억과 사연을 제일 많이 간직한 곳이다.

정월 대보름이면 친구들과 함께 용뫼산에 올라 새해 소원을 빌며 '망우려(망월)' 한다고 깡통에 불을 담아 돌리던 기억, 그 용뫼산 자락에 고등학교가 들어서고 학교 주변에 각종 시설이 들어섰다. 최근엔 산등성이 일부는 잘려 나가면서 신갈 우회고속화 도로가 생겼다. 지금은 용뫼산의 밑동만 잔해처럼 보인다.

세월이 흐르면 변하지 않는 것이 어디 용뫼산 뿐 일까?

고려 말 야은(冶隱) 길재(吉再)-(1353~1419)선생 시조에 '오백 년 도읍지를 필마로 돌아 들 때 산천은 의구한데 인걸은 간데없고…' 하는 구절이 나온다.

이제 산천도 의구하지 않은 것 같다. 도로가 많이 신설되고 도시개발로 십 년이 아니라 일 년이면 강산이 바뀌는 세상이다.

용뫼산이 그 모습을 완전히 감추기 전에 용뫼산에 얽힌 나와의 인연을 적어 보았다.

원천 방죽

'원천 방죽'은 초등(국민)학교 다닐 때 추억이 깃든 곳이다. 소풍갈 만한 곳이 달리 없던 때라 신갈이나 구성, 수지지역에서 초등학교시절 원천 방죽으로 소풍을 한 두 번 안 다녀온 사람이 별로 없을 것이다.

봄이면 어김없이 원천 방죽으로 소풍을 간 기억이 난다.

당시에는 먼 곳을 걸어서 갔다 온다고 하여 멀 원(遠)자 발 족(足)자를 써서 원족이라고 했다. 원천 방죽 뚝방 아래에는 아름드리 벚나무가 많아 꽃이 만발했을 때의 화사한 경치가 장관을 이루곤 했다.

소풍 가서 단골로 등장하는 프로그램이 '보물찾기'였다. 선생님이 미리 가서 나무의 틈새나 돌 밑에 숨겨 놓은 종이쪽지를 찾는 것이 '보물찾기'다. 종이쪽지에는 과자, 사탕, 공책, 연필 등 상품 종류가 쓰여 있어 '보물'이라고 했다.

보물찾기가 끝나면 벚나무 그늘에서 도시락을 먹고 나면 걸어서 집에 돌아오곤 했다.

나는 원족 가는 것이 즐겁지 않았다. 다른 학우들은 엄마가 따라와서 도시락도 챙겨주고 자녀와 함께 오순도순 즐거운 시간을 보내다 가는데 엄마가 없는 나는 그렇지 못했다.

나의 할머니는 노쇠하여 나를 데리고 걸어서 원족을 다녀올 수 없는 형편이라 나 혼자 소풍을 갈 수밖에 없었다.

나는 다른 친구들이 어머니와 함께 단란한 시간을 보내는 것이 무척 부러웠고 자연히 '나는 왜 어머니가 없을까?' 하는 의구심에 사로잡혀 내 마음은 울적해질 수밖에 없었다. 그러나 그때뿐, 금방 잊어버리고 친구들과 재미있게 잘 놀며 시간을 보내다 온 기억이 난다.

수원중학교 다닐 때도 방과 후 수원에서 걸어오다가 친구들과 원천 방죽에 들러 미역을 감고 때로는 가재도 잡으며 놀다가 집으로 돌아오곤 했다.

원천저수지는 원래 농업용수 확보가 목적이라 '둑 방' 아래 배수로에는 늘 수량이 풍부해서 물이 많이 흘렀다. 내 기억에는 지금의 삼성전자 부지와 곡반정동을 비롯한 권선지구 일대가 거의 논(畓)이었기 때문에 원천저수지 물로 농사짓는 수리안전답, 즉 최고로 치는 문전옥답(門前沃畓)이 많았다.

원천 방죽의 관리 주체는 '농지개량 조합'이었는데 수세(水稅)를 농가로부터 징수했다. 최근에는 '한국농어촌공사'로 명칭이 바뀐 것으로 안다.

원천 방죽은 청춘남녀의 데이트 장소이기도 했다. 당시 어른들의 눈도 피해야 하고 달리 마땅한 데이트 장소가 없던 때였다. 당시에는 남, 여 학생이 함께 다녀도 '풍기문란'이라고 어른들의 질책을 받던 때였다.

원천 방죽 들어가기 전 진입로 우측으로 나를 S동생 삼아 귀여워하던 누나의 집이 있었다. 이름이 김길옥(가명)이었던 그 누나는 가끔 나를 자기 집으로 불러 맛있는 음식을 가족과 함께 먹기도 했다. 그 누나의 부모는 아버지가 초등학교 교감이었는데 인자하시어 나를 잘 대해주고 귀여워해 주었다. 그 집에는 딸만 둘이고 아들이 없었다.
요즘 그 누나의 소식을 들으니 벌써 십여 년 전에 캐나다로 이민 가서 산다고 한다.

원천 방죽이 광교 신도시의 광교 호수가 되어 그 모습이 완전히 도시형으로 탈바꿈했다. 옛날에는 원천방죽이, 윗 방죽, 아래 방죽이 있었는데 옛날 모습은 기억 속에만 존재한다. 방죽 둘레에 있던 아름드리 소나무, 벚나무는 사라지고 없다. 최근에는 '광교 호수'로 바뀌어 인위적인 조경수가 새롭게 심어져 있는 것을 보았다.
얼마 전 경기도청 경기도의회에 모임이 있어 갔다가 새삼 놀랐다. 광교 신도시는 도심 속에 또 다른 최첨단 도시로 별천지 같은 느낌을 받았다.

원래 원천동, 이의동, 하동은 용인군 수지면 이의리, 하리에 속해 있었다. 그러나 공화당 정권 때 힘의 논리에 의해 수원에 편입

되었다. 지금은 상현동 일부까지 편입되어 행정구역이 용인 광교 (전체면적의 12%), 수원 광교로 나누어졌다.

　봄이면 소풍을 가서 보물찾기 하던 곳, 벚나무 많아 벚꽃이 만발한 그늘에서 어린 학동들의 웃음소리가 낭랑했던 원천 방죽, 친구들과 미역 감고 가재 잡고 놀던 장소,
　풋풋하고 아름다운 꿈으로 부풀었던 소년의 갖가지 추억이 깃든 원천 방죽, 이제 '원천 방죽'은 추억 속에 이름이 되고 새롭게 태어난 '광교 신도시'를 보면서 '상전벽해'가 되었다는 격세지감을 느낀다.

장남 생일

오늘은 아들 장남이 '고고의 성'을 울리며 태어난 날이다.
내가 이십칠 세 때이니 꼭 사십구 년 전이다.
1974년생이다.

장남이 태어날 때 감회는 나에게 특별한 의미가 있다.
부모 없이 조부모 슬하에서 어린 시절을 행복하게 보내다가 숙부, 숙모, 사촌들과 한 집에 살면서 나는 외톨이였고 '찬밥' 신세였다.
그런 처절한 고독한 삶은 군대를 제대하고 결혼 직전까지 이어졌다.

장남이 태어나면서 삶의 환희와 행복을 느꼈다.

장남이 태어나던 날 따뜻한 봄 날씨인데도 산모가 있는 방(안방)은 '청천 냉골'이었다. 온돌방인데 구들이 잘 못되었는지 아궁이에 불을 때면 불길이 들지 않았다.

산모인 아내에게 미안했다.

시부모가 있었더라면 '산부인과 의원'에 가서 출산을 했을지도 모른다. 상미마을에 사는 조산원 '김여사'를 불러 출산을 돕게 했다.

아내는 다행히 고생 안 하고 순산했다. 지금 생각하면 그저 고마울 따름이다.

나는 3년 전에 신경쇠약으로 고생할 때 시흥 산본(현재 안양 산본동) 수리산에 있는 '일체암'에서 스님들로부터 불교신앙을 접하게 되었다.

스님들께서 나에게 '천수경', '반야심경', '금강경', '법구경' 등 불경 책을 읽어보라고 주었다.

'천지팔양신주경'은 출산할 때 좋은 경이라는 말을 들어서 나는 아내가 산고를 겪으며 출산이 임박할 무렵 건넌방에 방석을 깔고 앉아 '천지팔양신주경'을 세 번을 독경했다.

그런데 믿기 어려운 일이 생겼다. 그렇게 얼음장처럼 차가운 방이 뜨거워지고 설설 끓는 것이 아닌가!

나는 감사한 마음에 '나무 관세음보살'을 연거푸 불렀다.

시어머니가 없으니 누가 따뜻하게 음식이라도 산모 먹으라고 해주는 사람이 없었다. 다행히 장모께서 딸을 보살펴주었다.

나는 아내를 위한답시고 평소에 좋아하는 '아이스크림'을 사다 주고 핀잔을 실컷 들었다. 부모 없이 살다 보니 무엇을 산모에게 먹게 해야 좋다는 말도 듣지 못했다.

결혼한 지 오십 년이 다 돼 가는데 지금도 아내는 출산 할 때

얘기가 나오면 어김없이 '아이스크림 사건'을 들먹이며 철딱서니가 없어도 그렇게 없는 사람이 '저 사람'이라고 나를 지목하며 여러 사람 앞에서 핀잔을 준다.

  장남이 태어날 때 환희 심을 느낀 것이 엊그제 같은데 아들 나이가 내년이며 오십이 된다.

  세월의 무상(無常)을 절감한다.

귀밝이술 독작 카페

휘영청 밝은 정월 대보름달이 뚜렷이 동녘 하늘에 떠오른다.
그런데 미세 먼지가 많아서인지 옛날처럼 밝아 보이지 않는다.
정월 대보름이면 지방마다 풍속이 다르지만 기전(畿甸) 지방 (경기도)에서는 풍속 중 '부럼 깨트리기, 귀밝이술 마시기, 나무 아홉 짐 하기, 복조리 팔고, 사는 등 민속에 관련된 풍속이 여러 가지 있다.

사라져 가는 민속 풍경이 하나 둘이 아니다. 요즘 젊을 사람들은 민속놀이나 풍속에 관심도 별로 없고 오히려 국적 불명의 무슨 '빼빼로데이' 나 '발렌타인데이' 등은 잘 알고 챙기는 것 같다. 무슨, 무슨 '데이'가 유행하는 이면에 상술이 작용한다고 한다.

민속세시 풍속을 생각하면 농경사회나 대가족제도에 맞는 속성이 있어 현대에 와서 잊혀 져 가고 있는 것이 아닐까?

나는 엉뚱하게도 정월 대보름달을 쳐다보면 나이답지 않게 첫

사랑 그녀의 보름달 같은 얼굴이 떠오른다.

신로심불로(身老心不老)라고 하지 않았던가…
나이는 많이 들었어도 마음은 청춘이다.

사무엘 울슨이란 시인은 '청춘'이라는 제목의 시(詩)에서 읊기를 – 나이가 젊어도 정열과 희망이 없으면 늙은이요, 나이가 많아도 가슴에 정열을 잃지 않은 사람이 '청춘(靑春)' 이다, 라고 노래했다. 그러니 나이는 숫자에 불과하다(?)는 뜻이 내포 돼 있다.

세월이 흐르고 세상이 바뀌다 보니 함께 '귀밝이술'을 마실 사람도 마땅치 않다. 친구들도 건강이 좋지 않아 술을 못 마시고, 운전 때문에 술 못 마시고 핑계가 많다.
엎친데 덮친 격으로 코로나19 선생(?)까지 가세가 되어 친한 사람들끼리도 모임이 없다 보니 차라리 홀로 술 마시는 '독작(獨酌) 카페'가 오히려 낫다.

그래서 나는 오늘 '귀밝이술' 독작 카페 개설을 단행(?)했다. P.C 유튜브 음악을 '클릭' 해 놓고 책상 위에 술과 간단한 안주를 벌여 놓았다.
옆에 잔소리하는 사람이 없어 홀가분한 것이 '독작 카페'의 장점이다.

홀짝홀짝 술을 마시다 보니 그런대로 술기운이 도도해지면서 멜로디에 맞춰 손가락 장단도 쳐본다.
이만하면 정월대보름 밤의 운치가 있지 아니한가.

송강 정철(鄭徹; 1536~1593) 선생의 고시조, 장진주사(將進酒辭)를 소개하며 이 글을 끝맺는다.

　한잔 먹세 그려, 또 한잔 먹세 그려.
　꽃을 꺾어 술잔 수를 꽃잎으로 셈하면서 한없이 먹세 그려. 이 몸이 죽은 뒤면 지게 위에 거적을 덮어 꽁꽁 졸라매 가지고(무덤으로) 메고 가거나, 아름답게 꾸민 상여를 많은 사람들이 울며 따라가거나, 억새, 속새, 떡갈나무, 은백양이 우거진 숲에 가기만 하면 누런 해, 밝은 달, 가랑비, 함박눈, 회오리바람이 불적에 그 누가 한잔 먹자고 하리요?
　하물며 무덤 위에서 원숭이가 휘파람을 불며 뛰놀 적에는 (아무리 지난날을) 뉘우친들 무슨 소용이 있겠는가.

잠자리 방생

오늘 아침에 존귀한 생명을 구해 줬다는 생각에 뿌듯한 마음이 들었다.
방생(放生)은 죽을 목숨을 살린다는 뜻이다.

아침 식사를 끝내고 서재가 있는 지하실로 내려갔다.
제습기에 밤새 고인 물이 물통에 가득 차 있어 쏟아 내리고 물통을 빼내서 손에 들고 수도꼭지가 있는 다용도실로 들어갔다.
그때, 벽면 구석에서 무엇인가 꿈틀거렸다. 가만히 들여다보니 '잠자리'가 한쪽 날개만 파르르, 떨고 있었다.
나는 물통에 든 물을 쏟고 나서 몸부림치는 '잠자리'를 찬찬히 들여다보았다.
한쪽 날개에 검정 솜뭉치 같은 것이 매달려 있었다. 자세히 보니 거미줄이 날개에 붙어 있었다. 거미줄만 붙어 있는 것이 아니라 거미줄에 걸린 하루살이와 먼지 등이 팥 알 만하게 뭉쳐서 한쪽 날개에 매달려 있어 날개가 옴쭉 달싹 못하는 것이었다.
아무리 날갯짓을 빨리 해도 날아오르지 못하고 제자리에서 한쪽 날갯짓만 하고 있는 것이 아닌가.
 필사적으로 날갯짓을 하는 탓에 선풍기 날개가 바람을 일으키듯 바람기를 느낄 정도였다.
 항공기에 비유하자면 한쪽 날개가 고장 나서 이륙을 못하는 이치와 같은 것이리라.
 나는 손으로 집어 들며 잠자리가 다칠까 봐 플라스틱 방 빗자루를 갖다가 잠자리 머리 쪽을 살며시 누르고 한 손으로 날개에 엉켜 있는 거미줄 뭉치를 떼어 냈다.
 거미줄이 떨어져 나간 순간 잠자리가 공중 높이 날아올랐다.
 그런 잠자리를 바라보는 내 마음도 상쾌하고 해방감을 느낄 정도로 후련했다.
 잠자리야 말로 사지(死地)에서 벗어난 것이다. 거미에게 잡혀 먹힐 수도 있는 위기일발(?)의 순간이 아닐까.

 사람이나 곤충이나 생명의 존엄성은 평등하다고 〈붓다〉는 설파했다.
 광활한 은하계가 중중무진(重重無盡) 겹겹이 층을 이루고 있는 우주 시공간에서 내려다보면 인간의 육신도 아주 작은 존재일 것이다.

 잠자리, 고추잠자리.
 '라 때'(나 어릴 때)는 일천구백오십 년 대, '육십년 대'에 해당하는 데 잠자리도 흔했고 여러 종류의 잠자리들이 여름이면 손을 뻗어 잡을 정도로 많이 날아다녔다.

 초등(국민)학교 여름 방학이면 으레 단골로 나오는 숙제가 '곤충채집'이다.

 곤충을 잡아서 말린 다음 두꺼운 종이나 나무(합판)를 '스케치북'만한 크기로 오려서 곤충을 핀으로 고정시키고 그 밑에는 곤충 이름과 채집 날짜 등을 적는다.

 채집된 곤충의 종류는 잠자리, 나비, 메뚜기, 방아깨비, 여치, 풍뎅이, 반딧불이 등 다양했다.
 다양한 종류를 채집한 학생이 높은 점수를 받았다. 나중에 안 일이지만 일제강점기 때부터 하던 여름방학 숙제를 그대로 답습한 것이라고 한다.
 '국민'이란 말뜻도 일본 천황을 받드는 '황국신민(皇國臣民)'의 줄임 말이다. 황국신민을 양성하는 곳이 '국민 학교'인 셈이다.

 시골의 초가을 풍경 중, 초가지붕에 널어놓은 빨간 고추와 그 위를 수많은 고추잠자리가 날아다니는 광경은 높푸른 하늘과 앙상블을 이루어 아름다운 풍경의 백미로 꼽혔다. 시골 풍경을 묘사한 그림이나 동시, 동요에 제일 많이 등장하는 말이 고추잠자리인 것으로 기억난다.
 요즘은 초가집 대신 양옥으로 바뀌고 고추도 기계로 말리는 세상이 되어 그저 옛이야기일 뿐이다.

잡풀 뽑기

　더위가 한창 기승을 부릴 때 내가 매일 근무하는 '불전연구소' 앞 보도에 난 풀을 나 스스로 뽑았다.
　보도뿐만 아니라 전주 밑, 도로와 보도 사이의 경계석 이음새 틈바구니에 무성하게 자란 풀을 뽑았다. 비 온 뒤 바로 뽑으면 흙이 물러져서 잘 뽑힌다.
　가장 번식력, 생명력이 강한 풀이 '바랭이' 풀로 느껴질 정도로 잘 뽑히지 않는다.
　풀을 다 뽑고 나니 이마에서 구슬땀이 비 오듯 흘러 러닝셔츠가 흠뻑 젖었다.
　풀 뽑기 좀 했다고 생색내기로 이 글을 쓰는 것이 아님을 양해하기 바란다.

　한국 속담에 '담장 위로 소뿔이 보이면 소가 지나가는 것을 안다'라는 말이 있다.
　언제부터인지 내 집 대문 앞, 상점 앞, 학교 정문이나 휀스를 쳐 놓은 울타리 밑에 무성하게 자란 잡풀을 방치하고 있다.

풀도 생장할 권리가 있다. 그러나 모든 사물이 있어야 할 제자리에 있으면 아름답게 보이지만 그렇지 못하면 어색하거나 흉하게 보인다.

가령 우리가 매일 먹는 밥알이 입 속으로 들어가야지 콧등이나 이마, 입가에 밥알이 붙어 있다면 보기 흉할 것이다.

시대가 변하고 풍속과 인심이 변해서 그러려니 생각해도 무엇인가 잘 못 돼 간다는 생각이 든다.

일천구백칠, 팔십, 구십 년 대 까지만 해도 이렇진 않았다.

마을 안 길, 지방도, 국도, 고속도로 변도 잡풀이 무성하긴 마찬가지다.

잡풀이 무성해 보기 흉한 것만이 폐해가 되는 것이 아니다. 잡풀이 곳곳에 무성하면 국민의 세금이 낭비되는 것이다.

사람이 다니는 보도나 도로변 경계석에 잡풀이 길게 자라면 보도블록이 뒤틀리고 울퉁불퉁 들고 일어나 사람 발부리에 채어 깨지고 사람이 다친다.

금년 연말이 되면 사람이 다니는 보도에 보도블록을 들어내고 경계석을 다시 놓는 등 자전거 전용도로까지 각종 공사가 벌어질 것이 훤히 내다보인다. 모두 시민이 내는 세금이 새 나가는 것이다.

잡풀의 힘(?)을 과소평가해선 안 된다.

콘크리트 사이로 풀이 자라면 콘크리트가 균열되고 경계석과

도로 이음새가 벌어진다. 아스팔트도 뚫고 나온다.

과거엔 '새마을운동'으로 모든 도로변에 잡풀을 볼 수 없었다. 각 급 학교의 학생들도 내가 다니는 학교 교문 앞이나 주변의 풀을 뽑으라고 교사가 지시하면 기꺼이 뽑았다. 아마 지금 학생들에게 풀 뽑으라고 하면 학부모들이, "금쪽같은 내 자식에게 왜 풀을 뽑으라고 하느냐"라며 들고일어나 시끄러울 것이다.

요즈음 일자리 늘리는 정부의 시책으로 과거에 볼 수 없던 희한한(?) 일자리가 많다.

학교 빈 교실, 강의실 전등 끄러 다니는 근무자, 휴지, 담배꽁초 주우러 다니는 공공 근로자, 학생들 등, 하교 안전 지킴이, 횡단보도 안전 요원, 전철 안전 탑승 요원, 산불 감시요원 등.

뽑는 것은 힘든 노동(?)이라 잡초 제거하는 일자리는 없는 것 같다. 과거엔 일반쓰레기 종량봉투 수거하는 청소원 외에 구청 등 관청에서 근무하는 '수로원'이 있어서 도로 정비나 잡초제거를 했었다. 지금은 수로원 제도도 없어진 것 같다.

조금만 힘들어도 일 안 하려고 하는 풍조가 결코 좋은 징조는 아니다. 땀 흘리지 않고 빈둥빈둥 놀고먹는 사람을 옛날엔 '불한당(不汗黨)'이라고 했다. 불한당이 늘어나는 사회에서 발전의 역동적 에너지가 솟아날 리 없지 않은가.

농촌 비닐하우스나 양축농가에서 외국인 아니면 일손을 구하기 어렵다고 하는 말이 어제 오늘의 일이 아니다.

일은 안 하는 대신 나라와 지방정부에서 주는 각종 지원금에

의존하고 공짜를 기대하는 심리와 의식이 팽배하고 있다는 생각이 나 혼자만의 기우이기를 바란다.

　도로 가장자리에 잡풀이 무성한데 그 도로를 질주하는 고급 외제 승용차가 많이 눈에 띈다. 최근엔 외제 승용차가 부쩍 늘어난 것 같다.

　외화내빈(外華內貧)
　겉은 번지르르한데 정신적 내면의 세계는 빈곤한 것이 아닌가.
　사치와 허영과 탐욕의 잡풀이 무성 해지는 것을 경계해야 할 것이라고 하는 우려는 나만의 생각일까.

동영상 세배

아들 며느리 손자들로부터 '동영상 세배'를 받았다.

설 명절 연휴기간에 가족끼리 캠핑 여행을 가서 스마트폰 동영상 세배를 한 것이다.

스마트 폰 동영상을 통해 열한 살짜리 큰 손자 진휘, 다섯 살짜리 둘째 손자 진율이 세배하는 귀여운 모습을 보니 저절로 웃음꽃이 피어난다.

'오미크론 변이 바이러스'가 이름부터 길어졌다. 확산 추세라서 가족끼리도 안 모이고 만나지 않는 것이 서로 돕는 길이다. 그래서 아이들에게 세배 안 오는 것이 좋겠다는 사전 양해가 있었다.

지금까지 살아오면서 '동영상 세배' 받아 보기는 난생처음이다. '동영상 납골당 참배', '동영상 차례 상'이란 용어가 등장한지도 한참 되었다.

다 그런 것은 아니지만 제사, 차례 지내기 싫어하는 젊은 주부에게는 좋은 핑계거리가 생긴 셈이다.

속담에 '울고 싶은데 뺨 때려 주는 격'이란 말이 있다. 울고 싶은데 뺨까지 때려주니 오히려 고마운 마음도 들 법하다.

'코로나19'로 시작된 우리네 생활 패턴의 변화는 상상을 초월하는 것 같다. 명절 설도 이제 쓸쓸하다 못해 적막하기 까지 하다.

나처럼 나이가 많이 든 사람들은 우울증을 조심해야 할 것 같다.
우울증 걸리지 않으려면 자기가 좋아하는 취미생활이 좋은 처방이 될 것이다. 나는 다행히 독서를 좋아해서 늘 책이 나의 벗이다.
요즘은 '유튜브'로 음악도 즐겨 듣는다.
책 읽기, 글쓰기에 몰두하다 보면 시간도 잘 가고 마음이 즐거우니 우울증 걸릴 염려는 없다.

"피할 수 없으면 즐기라"는 말이 있지 않은가.

'코로나19'로 인해 생긴 현상이 '인간관계의 단절'이다.
가족 친지도 멀어지는 추세이다. 눈에서 멀어지면 마음도 멀어진다라는 말이 있다.
이젠 친구나 지인들끼리도 가급적 만나지 않는 것이 서로를 위해 좋은 일로 치부가 되는 세상에 우리는 지금 살고 있는 것이다.
설 명절에 길거리에 나가 보니 마스크 쓰고 지나가는 사람들

모습이 마치 옛날 무성(無聲) 영화(映畫)에 등장하는 배우들 같은 착각이 든다.

　나 어릴 때 팽이 치고 연 날리며 부르던 동요가 생각난다.
　까치 까치설날은 어저께고요
　우리 우리 설날은 오늘이래요~

　집안 어른은 물론 마을 어르신들께도 집집마다 찾아다니며 세배 드리던 그 옛날 풍습이 아련한 추억 속에 오버 랩 되면서 내가 환상 속에 살고 있는 것이 아닌가 하는 생각을 잠시 해 봤다.

말 무덤에서 꽃 핀 사랑

　미스강과 내가 만나기로 약속한 장소가 말 무덤이다.
　하필 왜 말 무덤이냐고 묻는 다면 할 말이 없다.

　그날 낮에 미스강을 만났다. 만났다고 하기보다는 마주쳤다고 해야 맞는 말이다.
　일천구백칠십 년으로 기억된다.
　초여름 날씨라 약간 더위를 느낄 정도로 온화한 날씨였다.
　갈천 마을 앞 개울을 가려면 우리 논과 논 사이에 난 좁은 길을 지나야 했다. 마치 외나무다리처럼 마주치면 피할 데가 없어 한 사람이 서서 길을 내어 주어야 지나갈 수 있는 길이다.
　여인네들은 빨래 그릇(세숫대야 등)에 세탁물을 담아 개울에 가서 빨래 방망이로 두드리며 빨래를 했다.
　집에서는 우물물을 두레박으로 길어 올려 물을 써야 하기 때문에 개울에서 빨래를 아낙네들이 많이 할 때였다.
　세탁비누도 지금처럼 흰 색깔이 아니라 왕겨 뭉쳐놓은 것 모양 거칠게 보였고 진한 갈색이었다. 양잿물 덩어리라고 해도 지나치지 않다.

나는 개울 뚝방이 있는 곳으로 나가 답답한 가슴을 바람 쏘이면서 진정시키려고 논 사잇길을 지나가고 있다가 미스강과 마주친 것이다.

미스강은 얇은 블라우스를 입고 있었다. 앞가슴이 풍만해 보였다.

미스강은 나를 유심히 쳐다보았다.

미스강은 우리 지역에 들어선 모 제약회사에 근무하는데 바로 내가 남쪽 향으로 창문을 열면 바라다 보이는 앞집에 세 들어 살며 자취를 하고 있었다.

그래서 우연히 시선이 마주친 적이 여러 번 있었다.

미스강의 눈빛은 나를 좋아하는 것으로 나의 눈에 비쳤다.

나는 용기를 내어

"나 아가씨하고 데이트하고 싶은 데 뭐라고 불러야 됩니까?"

하고 물으니 대답하길, "미스강이라고 불러 주세요." 하며 살짝 웃었다.

"그럼 미스강으로 호칭하겠는데 이따 저녁때 7시쯤 뒷동산 좀 지나면 말 무덤이 있는데 거기서 기다릴 게요."

미스강은 얼굴을 붉히면서 말은 하지 않고

"……"

고개만 끄덕였다. 나는 마음속으로 '오-케이' 하고 쾌재를 불렀다.

우리 집 뒤편에는 '수여선 철둑길'이 있고 그 바로 너머에 일본 사람들이 만들어놓은 신사터가 있는 뒷동산이 나온다. 밤나무가 많아 밤나무 동산으로 불리기도 했다.

우리 집 동산이라 밤을 따거나 줍거나 하는 등 관리는 우리 집에서 했다.

그 뒷동산 신사터에 가면 자리가 평평해서 늘 사람들이 많이 올라 와 앉아서 바람을 쏘이거나 여러 사람이 놀다가 가곤 했다.

일천구백칠십 년 대 초에는 면소재지인데 다방도 없던 때였다.

나는 일 년 전인 1969년 10월 20일 만 3년 동안의 해병대 군복무를 마치고 집에 돌아와 있었다.

내가 군에서 제대했어도 할머니 한 분만이 진정으로 기뻐했다. 할머니는 이미 예순 살이 넘은 노인이 되어 '뒷방 늙은이'에 지나지 않아 아무런 힘이 없었다.

나는 집에서도 백부, 백모, 육촌 형제들이 있었으나 '개밥의 도토리'라는 속담처럼 가족의 일원이 아니라 이방인처럼 눈치나 보면서 겉도는 처지였다.

대화할 사람도 없고 마음으로 의지 할 사람 없는 외로운 신세, 그게 내 처지였다.

그럴 때 미스 강을 만난 것이다.

나는 미스강에게 첫눈에 반했다. 시쳇말로 '눈에 콩까지 씌운' 격이라고나 할까… 나나 미스강 꼭 같은 경우이겠지만…

내가 약속한 장소인 말무덤 앞 쪽에 평평한 곳에 미리 자리 잡고 앉아 있으려니 시간 맞춰 미스강이 나와 주었다.

내 옆에 미스강이 다소곳이 자리 잡고 앉았다.

나는 미스강의 손을 덥석 잡고 대뜸 말하길,

"나 미스강 사랑합니다."하고 고백했다.

미스강은 얼굴이 빨개져서 가만히 있는 걸 보니 말은 안 해도 좋아하는 기색이었다.
　나는 미스강을 와락 껴안고 풀밭에 뉘었다.
　"……"
　미스강의 몸에서는 향긋한 라일락 꽃내음이 풍겼다.
　나와 미스강은 부둥켜안고 뜨거운 입맞춤을 했다.
　그때 우리 두 사람 외엔 주변이 적막하고 어둠 속에 풀벌레 소리만이 낭자하게 들려왔다.

　그때 미스강은 지금의 아내이다.

인천의 '성냥공장 아가씨' 해병대 ♪

　인천의 '성냥공장'을 해병대가 쳐들어가서 점령하였다는 이야기가 아니다.
　일천구백오육십 년대에는 인천이 대한민국 산업의 중심지였다.
　인천의 해군기지가 있어 경기도 동부권에서 입대하는 해병대 신병은 인천에서 군용 열차로 출발해 신병훈련소가 있는 진해로 향했다.

　인천지역은 육이오 전쟁 때 바람 앞에 등불처럼 부산만 남기고 북한 공산군이 다 점령했을 때 유엔군 사령관 맥아더 장군이 지휘하는 '인천상륙작전'이 성공, 대한민국을 구했다.
　인천은 그래서 해병대와 뗄 수 없는 연관성이 있다.

　해병대 군가 중에 '인천의 성냥 공장 아가씨'가 있었다.
　정식 군가는 '나아가자 해병대'. '상륙전가' 등 여러 곡이 있지만 비공식 군가로서는 두 번째로 인기 있는 군가가 '인천의 성냥공장 아가씨'이다.

  비공식 군가 중에도 '해병곤조(일본말)가' 등 여러 곡이 있지만 그 다음으로는 '인천의 성냥공장 아가씨' 이다.

  성냥은 인기가 좋았다.
  나는 일천구백오, 육십 년대에 애용했던 '조양 표' 성냥을 기억한다. 해가 떠오르는 일출 모양의 로고인 '조양(朝陽)'표 성냥은 가장 잘 팔리는 성냥인데 본사와 공장이 '인천'에 있었다. 그 외에 다수의 성냥공장이 인천공단 내에 밀집돼 있었던 것으로 기억난다.

  지금은 '가스라이터'를 쓰는 시대이니 '호랑이 담배 먹던 시절' 얘기로 치부하면 될 것이다.

  가사의 일부를 소개하면 다음과 같다

      − ♪인천의 성냥공장 ~ 성냥 만드는 아가씨~
    하루에 한 갑 두 갑 낱 갑이 열두 갑
    치마 밑에 감추어서 정문을 나올 때
    치마 밑에 불이 붙어 XX털이 다 탔네~
    아~아~ 인천의 성냥고장 아가씨는 백XX 백XX!~~!♪

  한창 피 끓는 혈기왕성한 청춘 해병들은 노래 가사 중 특히 '치마 밑에 불이 붙어서 XX털이 다 탔네~♪, 하는 대목에서 저절로 힘이 솟구쳐 목청껏 우렁찬 큰 소리를 뽑아 올렸다.

어머니에 대한 나의 단상(斷想)

아버지가 내 나이 세 살 때 돌아가시면서 부모형제 와의 인연은 끊어졌다.

철이 덜 들었던 어린 나이였던 청, 소년 시절엔 어머니에 대한 원망이 깊었다.

그러나 내가 나이 들고 석가모니 가르침에 귀의해서 인과법으로 비춰 볼 때 내가 전생에 죄업이 많은 사람이라는 것을 느낄 수 있다.

그 누구의 탓도 아닌 나의 업연의 결과로써 부모 복이 없고 형제자매의 인연도 없는 고독한 과보를 받은 것으로 생각이 된다.

부모님께 내가 효도할 수 있는 기회조차 없었던 것이 나에겐 송구할 따름이다.

부모가 나를 낳아 주시지 않았더라면 내가 어찌 해와 달을 보고 이 세상 구경을 할 수 있었을까? 생각하면 부모님께 감사한 마음 외엔 달리 생각할 수 없다.

청 · 소년 시절 어머니 생각이 간절히 나는 순간들이 있었다.

백모로부터 냉대를 받을 때, 초등학교 봄, 가을 소풍 때, 가을 대운동회 때, 초, 중, 고 입학식, 졸업식 때 나는 외톨이가 되어 늘 쓸쓸했던 기억이 난다.
　나는 할아버지 돌아가시고 할머니마저 기력이 약해지시며 고난이 시작됐다.
　고민이 있어도 의논할 상대가 없었다.
　군대에 가서도 면회 올 사람이 없어 눈물을 펑펑 쏟고 서러워했던 기억이 난다.
　군대에 갔다 와서도 냉대 받는 집안의 분위기가 싫어 집을 뛰쳐나와 방황했다.

　내가 외롭고 힘들 때, 어머니의 손길이 간절히 필요할 때 어머니는 내 곁에 없었고 그 시간에 박 씨 가문에 가서 낳은 자식들은 따뜻이 보살펴 주고 있을 어머니를 생각하면 원망스러웠다.
　"나는 어머니로부터 완전히 버림받은 자식이로구나" 하는 한탄의 세월을 보낸 것이 얼마인가.
　나의 청소년(중·고등학교)시절은 내 인생의 암흑기였다.
　사방을 둘러보아도 내가 의지할 사람 없는 사고무친이란 말 그대로 외톨이일 뿐이었다.
　해병대 신병 훈련소에서 혹독한 훈련받을 때 어머니께 처음이자 마지막이 된 편지가 나에겐 쓰라린 기억으로 지금도 남아 있다.
　- 남편 출근과 아이들 등교를 내가 챙겨 주어야 하기 때문에 너를 가 볼 수 없는 내 처지를 이해 해 달라고 하면서 너에게 미안하다 - 는 편지 구절이 나의 가슴에 대 못이 되어 박혔다.
　나는 첫 번째로 낳은 자식인데 그곳의 남편과 자식은 귀하고 나는 버린 자식이라는 얘기로 들려 어머니가 야속하기만 했다.

나는 편지를 동기생들이 볼까 봐 화장실에 가서 찢어 버렸다.

그 후 다시는 군에서 제대할 때까지 3년 동안 어머니께 편지하지 않았다.

내가 2010년, 용인시장에 취임한 지 얼마 안 되어 가을에 남사면에 조성된 꽃밭을 어머니를 오시게 하여 이모와 함께 꽃구경을 시켜 드린 것이 또 처음이자 마지막 모자지간의 나들이가 되었다.

그 후에도 일 년에 한 번 정도 어머니 생일에 내 아내가 김장김치를 담가서 한 통씩 갖다 드린 정도의 왕래는 있었는데 이젠 그마저도 여의치 않다.

올해 어머니 연세 96세인데 귀가 전혀 들리지 않아 대화가 불가능하다고 한다.

그리고 나와 내 처가 드나드는 것을 그 집(박 씨 가문)에서 꺼리기 때문에 일 년에 한 번 뵙는 것도 어머니 귀가 절벽이 되어 대화가 되질 않아 이모를 통해 안부를 전해 듣는 정도이다.

나와 어머니는 법적으론 모자지간이 아니다.

우리 집안에서 호적이 제적되고 박 씨 집안으로 호적을 입적했기 때문이다.

나는 법적인 아들이 아니고 생자일 뿐이다.

어머니가 돌아가시면 나는 과연 빈소에 가야 되는 것인지 안 가야 되는 것인지도, 간다면 무슨 자격으로 가야 되는 것인지도 잘 판단이 안 된다.

나와 어머니 사이에는 건널 수 없는 강이 흐르고 있다.

그것은 육이오 전쟁 이후 한반도에 가로막힌 3·8선 보다도 나에겐 더 높은 인습의 장벽이 가로막고 있는 것이다.
 어머니가 살고 계신 곳이 지척인데도 나에겐 타국처럼 느껴진다.
 내가 마음속으로 비는 것은 어머니가 살아 계신 동안 건강하고 마음 편하게 사시길 바랄 뿐이다.

쌍무지개 뜨는 언덕

　내가 어릴 때 감명 깊게 읽은 소설이 작가 김래성 선생이 지은 '쌍무지개 뜨는 언덕'이다. 그 때가 초등(국민)학교 5학년 때로 기억난다. 일천구백오십 년대 후반 대에는 청소년들이 읽을거리와 책이 별로 없던 때였다. 그 시절 청소년 소설로서 인기 있는 작가 중의 한 분이 김래성 선생이다. 지금은 고인이 된 분이지만 청소년을 위한 소설 작품을 많이 쓴 분으로 기억된다.

　요즘은 하늘에 뜬 무지개를 보기 어렵다.
　장마 중이니 장마 기간이 끝날 무렵 무지개 뜨는 경관을 나 어릴 때는 일 년에 한 두 번 보던 장면인데 요즘은 도시화가 되고 대기 오염이 되어서인지 좀처럼 무지개를 보기가 어렵다.
　무지개가 뜬 것을 본지가 족히 4, 5년은 된 것 같다.
　무지개를 보면 어쩐지 좋은 일이 있을 것 같은 예감이 들고 마음이 설렌다. 길조로 여겨지는 것이다.
　영국의 시인 '윌리엄 워즈워드'는 무지개만 보면 내 가슴은 아이처럼 가슴이 뛴다. 고, '내 가슴 뛰고 있다오'라는 제목으로 다음과 같이 노래했다.

> 하늘에 뜬 무지개를 바라보고 있으면
> 내 가슴 뛴다오
> 내 생명이 시작될 때도 뛰었고
> 어른이 된 지금도 이렇게 뛰고 있거늘
> 늙어가면서도 여전히 내 가슴은 뛰리라
> 그렇지 않다면 나는 죽은 목숨이리다.
> 어린이는 어른의 아버지
> 바라옵건대, 내 남은 삶의 날들이
> 자연을 대하는 경건함으로
> 하루하루 이어지게 하소서.

소설 '쌍무지개 뜨는 언덕'은 소설 줄거리와 주인공의 처지가 나와 흡사해서 더욱 나를 감동시켰고 그로 인해 두 번 세 번 반복해서 소설을 읽게 만들었다. 소설을 읽다가 소설 말미가 '해피엔딩'으로 끝나면서 나를 미소 짓게 만들었다.

주인공 어린 소년은 어릴 때 아버지와 사별하고 어머니와 피치 못할 사정으로 생이별한 후 고아원을 전전하다가 나중에는 구두닦이, 껌팔이, 아이스케끼(속칭 얼음과자) 장사 등 이루 말할 수 없는 설움과 고생을 하면서도 헤어진 어머니와 형, 누나를 찾을 수 있다는 실낱같은 희망을 안고 눈물겨운 노력으로 역경을 헤쳐 나간다.

끝에 가서 주인공 소년은 가시밭길을 헤쳐 나가며 헤어진 어머니를 찾는 노력을 멈추지 않고 줄기차게 하다가 어머니와 가족을 찾게 되어 감격의 상봉을 한다.

 힘들게 만난 가족이 언덕길을 손에 손을 잡고 걸어 올라갈 때 머리 위로 펼쳐진 비 개인 하늘에 영롱한 빛깔의 쌍무지개가 떠 있었다.

 마치 그들 가족 앞날에 이제는 행복만이 기다리고 있을 것이라는 신호라도 보내 듯, 빨 주 노 초 파 남 보 일곱 가지 고운 색깔로 떠 있는 쌍무지개!

 그것은 꿈의 빛깔이며 희망의 빛깔이 아닐 수 없다.

 나도 어린 나이에 소설 속의 주인공처럼 순진하게도 헤어진 어머니를 언젠가 서로 만나 어머니의 품 안에서 자라고 살아갈 날을 꿈꿨던 것이다.

 주인공처럼 생이별한 어머니를 만나 함께 살아보지 못했기 때문에 나는 주인공을 통해 대리 만족을 했는지도 모른다.

 마음의 '쌍무지개 뜨는 언덕'은 꿈과 희망의 상징이 되었다. 살아가면서 어려움에 부딪칠 때면 나는 '무지개 뜨는 언덕'을 놓치지 않았다. 괴롭다가도 '쌍무지개 뜨는 언덕'은 내 마음속의 부적처럼 나에게 힘과 용기를 북돋워 주곤 한다.

 오늘은 비가 부슬부슬 줄기차게 내리고 있다.

 역설적으로 무지개 뜨는 공상을 해 본 것이다. 좋지 않은 뉴스가 너무 많아 '우울증신드롬' 얘기가 많이 나오는 때이다.

 대한민국의 앞날과 국민의 마음속에 꿈과 희망을 안겨주는 '쌍무지개 뜨는 언덕'이 나타났으면 좋겠다. 그런 꿈과 희망이 어느 한 사람뿐만 아니라 우리 모두에게 일곱 빛깔 무지개로 증거 하듯이…

똥통에 빠지다

　수원 지동시장 가까운 곳에 할머니의 친정 조카딸이 살고 있었다.
　그 아주머니 집 옆에는 '미나리 꽝'이 있었다.
　나의 할머니는 나에게 어머니 역할을 하다 보니 초등(국민)학교 다닐 때도 시간이 허락되면 나를 꼭 데리고 다녔다.
　조부모와 나 세 식구인데 조모가 외출하면 나에게 밥을 챙겨 줄 사람이 없어서 그럴 수밖에 없었을 것이다.
　어느 해 겨울 내가 일곱 살 때로 기억나는데 할머니는 가끔 친정이 있는 수원 매향동 아저씨 댁에 갔다가 조카딸 되는 아주머니 집에 잠깐 들렀다.
　설 명절이 가까운 때라 할머니는 방앗간을 하는 매향동 아저씨 댁에 들러 기름도 짜고 설 명절 준비하느라 수원 영동시장 등을 들러 장을 보곤 했다.

　나는 그 아주머니 집 뒷간(화장실)에 들어갔다가 그만 똥통에 빠지고 말았다!

내가 초등학교 들어가기 전 어렸을 때는 요즘과 같은 화장실이 없었다. 육이오 전쟁이 끝날 무렵인 일천구백오십 년대 초반이니 '호랑이 담배 먹던 시절' 쯤으로 이해하면 될 것이다.

그때는 뒷간(화장실)이 재래식이어서 시멘트로 만든 요즘의 하수관 같은 둥근 노깡(일본말) 위에 널 판지 두 개를 걸쳐 놓고 발을 올려놓은 다음 일(배변)을 보도록 돼 있었다. 그런데 통나무 기둥을 두 쪽으로 갈라서 엉성하게 얹어 놓은 경우는 둥근 부분이 위로 올라가게 한다. 평평한 바닥을 고정시키기 위해 그렇게 한 것 같았다. 두 발을 그 위에 올려놓아도 불안정할 수밖에 없다.

그때는 몹시 추운 날씨라 발을 올려놓는 나무 발판이 허옇게 성에가 끼어 있었다. 나는 뒷간에 가서 일을 본다고 갔다가 그만 발이 미끄러져 똥통에 떨어지고 말았다.

그래도 다행인 것이 오물도 표면이 얼어 있어 아랫도리 정강이까지만 오물이 묻었다. 나는 "할머니, 나 똥통에 빠졌어." 하고 비명에 가까운 소리를 힘껏 질렀다.

할머니와 아주머니가 뛰어나와 나를 건져주고 물을 가마솥에 뜨겁게 데워 할머니가 나를 씻겨 주었다. 조심성이 부족하다고 할머니로부터 꾸중을 호되게 들었다.

나는 똥통에 빠진 사건(?) 때문에 뒷간(재래식)에 갈 때마다 공포를 느꼈다. 그 시절엔 아예 화장실이란 용어가 없었다. 전통적으로 뒷간, 측간, 변소라는 이름으로 사용되었다. 물도 우물물을 두레박으로 길어 먹을 때였다.

다행히 초등(국민)학교 화장실은 재래식이라도 시멘트로 되어 있어 발이 미끄러질 염려는 없었다.

　나는 아예 큰일을 볼 때는 학교에서 가까운 우리 집에 가서 일을 보고 왔다.

　우리 초등학교 다닐 때는 화장실에 '달걀귀신'이 산다는 괴담이 학동들 사이에 돌아다녔다. 달걀귀신을 봤다고 허풍 치는 아이도 있었다.

　무서움을 잘 탔던 나는 화장실에 밤에는 혼자 못 가고 할머니가 변소 앞에서 지키고 서 있어야 마음을 놓았다.

　나는 어머니와 생이별하여 외갓집 하고도 인연이 끊겼다.

　할머니 친정인 진 외갓집에 할머니를 따라다녔는데 수원 친척 아주머니 집에 갔다가 똥통에 빠진 사건(?)이 나에겐 씁쓸한 추억으로 남았다.

　내 나이 고희를 넘겨 지나온 삶을 되돌아보니 '똥통에 빠진 일'은 차라리 애교에 가깝다는 것을 느낀다.

　나는 4전 5기의 선거 실패 경험을 여러 번 하다 보니 별 일을 다 겪었다.

　정치적으로 함정을 파 놓고 나를 의도적으로 끌어들여 치욕의 패배를 안겨준 일도 있었다.

　오물은 씻어내면 되지만 함정에 잘 못 빠지면 목숨을 잃을 수도 있다. 월남전에 한국군이 참전했을 때도 베트콩(월맹비정규군)이 함정을 파 놓고 그 밑에 대나무를 칼처럼 뾰족하게 깎아 여러 개를 세워 꽂아 놓고 사람이 그 안에 떨어지면 찔려서 죽도록 만들었는데 실제 미군과 한국군이 함정에 빠져 전사한 일이 있다고 들었다.

선거 때 도와준다고 가장 측근인 척 하다가 선거자금을 빼 돌려 나를 골탕 먹인 사람도 있다. 심지어 내 선거자금 갖고 땅 산 사람도 있었다는 소문을 들었다. 그러나 심증은 가지만 증거는 없어 말은 못 한다.

사람이 한 세상 산다는 것은 전장에서 지뢰밭을 통과하는 것 못지않게 조심하고 살펴서 살아도 피해를 입는 수가 많다.

'보이스피싱'을 비롯해 사기라는 함정을 파 놓고 남의 재물을 빼앗아 가는 사건이 지금도 벌어지고 있다.

옛말에 한 세상 살아가는 자세를 마치 살얼음 위를 걷듯 조심해야 한다는 '여리박빙(如履薄氷)'이라는 말이 생각난다.

봄 비, 하모니카

봄 비 내리는 소리 들으며 하모니카를 분다.
울~울 답답하던 마음이 힐링 된다.

하모니카는 나의 어릴 적부터 친구다.
누군가 말했다. "하모니카 소리는 영혼의 소리이다"라고.
하모니카와 나의 인연(?)은 외롭게 자란 나의 환경과 밀접하다.
부모도 없고 형제자매도 없는 소년이 외롭지 않다면 오히려 이상한 것이다. 아버지 어머니 없이 조부모 슬하에서 자라다 보니 너무 외로웠다.

초등(국민)학교 다닐 때 삼촌이 하모니카를 사다 주었다.
육이오 전쟁 직후에 시골에서 하모니카 가진 사람도 드물었다.
그때엔 라디오도 아주 잘 사는 집 외엔 없어 '소리사 집'에서 달아 주는 '스피커'를 통해 연속방송(드라마)을 들었다.

하모니카를 배울 때 무작정 불다보니 저절로 배우게 됐다.
나 어릴 때는 악보도 없었고 혼자 스스로 배우지 않으면 가르쳐 줄 사람도 없었다. 장난삼아 불면서 도레미파 솔라시도 음계를 터득했고 소리를 찾게 되었다.

나 어릴 때는 동요가 많이 불려졌다.
고향의 봄, 반달, 등 동요와 봄 처녀, 바위고개 등 가곡이 애창되었다.
유행가로는 고향무정, 수덕사의 여승, 산장의 여인, 외나무다리, 산 넘어 남촌에는, 호반의 벤치 등이 라디오 전파를 타고 유행하였다.

외로움이 파도처럼 밀려오거나 사무칠 때면 하모니카를 들고 뒷동산 소나무 등걸에 기대앉아 하모니카를 불었다.
낮에 동산에 오르면 멀리 보이는 앞에 신갈저수지(기흥호수)의 물빛이 물고기 은비늘처럼 반짝였다.
여름날 달 밝은 밤에 뒷동산에 올라 풀벌레 소리 들어가며 하모니카를 불었다.

사춘기 한창 때는 첫사랑 그녀 생각이 나면 동산에 올라 하모니카를 불었다. 애인이 생각날 때 가장 많이 불던 곡이 그때 유행하던 안다성의 「사랑이 메아리칠 때」와 「바닷가에서」이다. 그 노래는 가사가 너무 좋았다.
말 할 일이 별로 없고 웃을 일이 별로 없는 '코로나19' 현실에서 하모니카 불기는 우울증에 좋은 '힐링'이 되고 안면 근육운동에도 아주 좋다고 한다.

가수 안다성 선생의 히트 곡, 「사랑이 메아리칠 때」 가사 일절을 소개하며 이 글을 끝맺는다.

> 바람이 불면 산 위에 올라 노래를 띄우리라
> 그대 창까지 달 밝은 밤은 호수에 나가
> 가만히 말하리라 못 잊는다고 못 잊는다고
> 아아 진정 이토록 못 잊을 줄은 세월이 물같이
> 흐른 후에야 고요한 사랑이 메아리친다.

고드름

고드름은 봄의 전령이다.
고드름 속에 봄이 들어 있다.
고드름의 햇볕을 받아 반짝이는 영롱한 빛깔은 아이들의 꿈과 같다.

우리 조상의 주거문화는 기와집, 초가집인 한옥이었다. 공통점은 처마가 있다는 것이다.
한 겨울 눈이 지붕에 쌓이면 햇볕에 녹아 고드름이 된다.
음력 정월 초하루 설 명절 전후해서 고드름이 많이 달린다. 동지가 지나면 점점 낮이 길어지며 햇볕이 따뜻해진다. 낮에 눈이 녹아내리다가 밤이 되면 기온이 내려가며 고드름이 된다.
고드름 달릴 때 굵기와 길이가 제 각각이라 마치 발을 쳐 놓은 것처럼 보이기도 한다. 눈이 유난히 많이 내린 겨울에는 그만큼 고드름도 탐스럽게 달리는 것이리라.

나 어렸을 때 고드름을 따서 친구들과 먹던 추억이 있다.

초가지붕이나 기와집 지붕에 고드름이 달리면 작대기로 고드름을 따거나 키 큰 어른이 따서 주면 아이들은 좋아라하고 고드름을 만지며 장난치기도 하고 먹기도 했다.

고드름이 마을 집집마다 열리던(?) 아름다운 풍경도 사라져가는 많은 풍경 가운데 하나다.
어디 고드름뿐인가. 설날이 되면 그네뛰기, 널뛰기, 연날리기, 팽이치기, 윷놀이. 정월대보름엔 보름달을 쳐다보며 불을 돌리던 '망우려(망월) 놀이' 등…

초등(국민)학교 때 많이 부르던 동요 중 하나가 '고드름'이다.
윤극영 선생의 동시(童詩)의 '고드름' 노래 가사를 소개하면 다음과 같다.

　　고드름 고드름 수정 고드름
　　고드름 따다가 발을 엮어서
　　각시방 영창에 달아 놓아요

　　고드름 고드름 녹지 말아요
　　각시방 방안에 바람이 들면
　　손 시려 발 시려 감기 드실라

어린이들이 즐겨 부르던 동요도 듣기 어려운 세상이다.
어린이는 어린이답게 때 묻지 않은 동심이 특징이고 아름다움이 아닐까. 그런데 요즘은 어른들이 동요를 부르도록 가르치는 것이 아니라 어른들이 부르는 '사랑이 어떻고… 이별이 저떻고

하는 '유행가(트로트)'를 어린이들에게 권장하는 이상한 사회가 된 것 같다.

애늙은이(?)를 만들려는 것인지 이해하기 어려운 사회 기현상이다.

요즘 주거문화가 바뀌어 공동주택(아파트)이 많다 보니 도시에선 고드름 보기가 어렵다.

시골에서도 한옥, 초가 등 전통가옥은 점점 줄어들고 새로 지은 집들은 거의 양옥이다. 처마 없는 양옥은 고드름 보기가 어렵고 스레트 지붕이라도 처마가 있어야 고드름이 달린다.

기와집이나 초가집 처마에 달리던 고드름은 봄이 가까이 왔다는 것을 알려주는 징표였다. 눈이 녹아 처마에 흘러내리다 얼어 '고드름'이 되기 때문이다.

며칠 전 뉴스에 고드름이 빌딩 꼭대기나 아파트 꼭대기에서 보도에 떨어지면 흉기가 될 개연성이 많아 소방서 119 구급대 대원이 고층 빌딩이나 높은 건물에 달린 고드름은 제거한다고 한다.

수정처럼 아름답게 보이던 고드름도 세상이 많이 변해서 흉기(?)로 둔갑한 것일까?

격세지감을 느낀다.

나의 어머니, 빗속에 떠나가시다

나의 어머니 이승을 하직하던 날, 2022년 8월 7일,
가을이 들어선다는 입추(立秋).
그날 어머니께서 영원 속으로 떠나셨다.
맑은 날씨였던 일기가 먹구름이 몰려들더니 7일부터 폭우가 쏟아지기 시작했다.

어머니의 장례식 날인 9일엔 더 많은 비가 쏟아졌다.
지난 8일 어머니 빈소가 차려진 서울 아산병원 장례식장을 택시를 타고 가는 데 자욱하게 물보라를 일으키며 비가 쏟아져 앞이 잘 보이지 않았다.
차량 앞 윈도 브러시가 빗물을 바쁘게 닦아 내며 차가 달린다. 고속도로, 간선도로 구분 없이 빗물이 미처 맨홀을 거칠 새 없이 도로 위를 냇물처럼 흘러간다.

눈에서 흐르는 눈물만이 눈물이 아니다.
나의 가슴속에도 회한의 눈물이 흐른다. 착잡한 마음이 지금까

지 쉽게 가라앉지 않는다.

나는 어머니와의 관계가 법적인 친자가 아니다. 생자(生子)일 뿐이다. 그러니 상주(喪主)가 아니다. 그래서 친지나 친구들에게 어머니의 부음을 알리지 않았다. 알릴 자격도 권한도 없다.

나와 어머니의 기구한 운명!

어머니 나이 꽃다운 스물 한 살에 나를 낳았다.

나의 아버지는 내가 세 살 되던 해 병환으로 돌아가셨는데 그때 아버지 나이가 이십사 세였다. 보성전문학교(고려대 전신) 법학과 4학년으로 졸업을 앞두고 돌아가신 것이다. 조부모에게는 마른하늘에 날 벼락같은 일이었다. 전도가 양양한 맏아들을 졸지에 잃었으니 조부모에게는 하늘이 무너지는 심경이었을 것이다.

나는 아버지의 얼굴을 모른다.

아버지 사갑(돌아가신 분 회갑) 제례를 올릴 때 사진이 없어 건국대학교 부총장으로 계시던 칠촌 당숙 어른께 부탁해서 아버지 재학 시절 학적부에 붙어 있는 사진을 복사 확대해서 제사상에 모셔놓고 제례를 올렸다. 지금도 사각모 쓴 학생 때 사진을 간직하고 있다.

나의 어머니는 이십 삼세에 남편과 사별한 것이다. 어머니는 진명고녀를 졸업하고 수원 매산 국민(초등)학교에 교사로 근무하다가 아버지와 인연이 닿아 부모의 반대를 무릅쓰고 결혼한 것이다.

나의 조모 연세는 사십팔 세였다. 할머니 눈에 혼자된 며느리가 예쁘게 보일 리 없었을 것이다. 예부터 속어에 며느리가 시집와서 살다가 아들이 죽으면 시어머니나 집안 어른들이 '서방 잡아먹은 X'이라고 말했다고 한다.

나의 조모는 며느리인 어머니에게 '네 갈 길 가라!'고 하면서 등 떠밀어 친정으로 보내 버렸다. 나는 젖도 떼이기 전에 어머니와 생이별하고 나의 할머니는 '홍합죽'을 먹여가며 애지중지 나를 키웠다.

할아버지 할머니의 지극한 사랑을 받으며 나는 성장했다.

내가 성장하는 과정에서 할아버지, 할머니, 나 셋이서 살 때가 가장 행복한 때였다.

중·고등학교 다니던 때는 감수성이 예민한 사춘기에 부모 없는 내 처지가 현실적 고통으로 나를 짓눌렀고 외로움에 몸부림쳤다.

촌수가 가까운 혈족이 함께 살았지만 타인과 다름없었다.

살갑게 대해주는 할머니는 노쇠해서 아무 힘도 없었고 조부께서는 내가 고교 2학년 때 돌아가셨다.

정신적 의지처였던 조부모라는 나의 '우산'이 사라지고 나는 외딴섬에 홀로 있는 듯한 처절한 외로움이 쓰나미처럼 나에게 덮쳐왔다.

나의 진로마저 의논할 상대가 없고 나에게 냉랭하기만 한 집안 분위기가 싫어 하루라도 빨리 집을 떠나기 위해 해병대에 자원입대했다. 육군 징집영장을 받으려면 일 년을 더 기다려야 했기 때문이다.

나의 어머니는 박씨 가문에 호적까지 이적하고 새로운 삶을 시작했다.

새 남편과의 사이에 세 아들을 두었다.

그 삼 형제는 어머니의 사랑을 듬뿍 받고 자랐지만 내 곁에는 어머니가 없었고 어머니가 필요할 때, 어머니의 손길이 그리울 때 어머니 모습은 어디에서도 볼 수 없었다.

어머니가 없어 곤혹스러울 때가 너무 많았다.

학교 다닐 때, 입학식 졸업식 대운동회 때 소풍 갈 때, 각종 학부모와 함께하는 학예회나 축제일 등 나는 외톨이가 되어 죽지 부러진 새처럼 풀 죽어지냈다. 그 때 마다 나는 괴로웠다.

부모가 없는 자식에 가해지는 괄시와 구박은 가까운 혈족부터 시작되었다. 그런 것이 나를 비참하게 만들었다. 나는 '부모 없는 자식은 사람도 아니다.'라는 생각도 했다. 자살까지 결행하려고 수면제를 약국에 다니면서 오십 알을 준비했으나 죽을 용기가 나지 않아 그만두었다.

해병대에 입대하여 신병훈련소에서 삼개월간 혹독한 훈련받는 기간에 나에게 면회 오는 사람이 없었다. 부모 형제 없는 사람에게 누가 면회를 올 것인가.

매주 일요일에 실시되는 '가족면회'일 이 나에겐 차라리 형벌에 가까웠다.

그렇게 삼 개월 훈련이 끝나고 기나긴 36개월의 군 복무기간이 끝날 때까지 나는 가족의 응원 없이 군 생활도 고독으로 점철되었다.

신병훈련소에서 처음이자 마지막이 되었던 '편지' 사건이 있었다.

나는 고등학교 3학년 때 같은 학교 일 학년 상급생이던 외사촌의 주선으로 어머니를 처음 만났다. 그때 어머니가 적어 주었던 주소로 면회와 주었으면 좋겠다는 편지를 보냈다. 얼마 후 답장이 오길 남편 출근시켜야 되고 아이들 학교에 등교시키느라 바쁘고 빠듯한 살림살이라 너에게 면회 갈 형편이 못 되니 미안하다는 요지의 내용이었다.

나는 심한 모멸감에 편지를 누가 볼까 봐 변소에 들어가 찢어 버렸다. 철없는 마음에 어머니를 원망했었다.

내가 어머니의 손길을 필요로 하고 그리워할 때 어머니의 그림자도 볼 수 없었다. 어린 마음에 '행복의 파랑새를 찾아 자식을 버리고 떠난 여자'로 규정짓자 저주하는 마음까지 들었다.

나도 결혼하고 나이 들어 철없던 때의 어머니에 대한 원망과 저주하는 마음을 뉘우치고 불가(佛家)에서 말하는 모든 일은 인연의 소치이며 내 전생 업보라고 생각하니 나를 낳아 주신 어머니께 감사한 마음이 들었다.

나는 어머니와 생이별하면서 외갓집과도 인연이 끊겼다.

군대생활 중 휴가를 나오면 친구들 만나는 일 외엔 갈 데가 없었다. 다른 전우들은 외갓집에도 가고 고모 이모 외삼촌댁에도 가고 고종사촌, 이종사촌, 외사촌 등 만날 친척이 많았다.

나는 청소년 시절을 처절한 고독 속에 보냈다.

사실 어머니와 함께 살지 못해서 애틋한 정은 없었다.

내 가슴에 어머니가 있어야 할 자리에 조모가 있다.

나는 어릴 때 쭈글쭈글한 할머니의 빈 젖을 빨면서 자랐기 때문이다.

내가 처음이자 마지막으로 어머니께 효도한 것이 용인시장으로 재직하던 때 남사면에 조성한 꽃밭을 구경시켜 드린 적이 있다. 짧은 시간이지만 어머니와 손잡고 걸어가며 기쁘게 해 드렸던 순간이 있었다. 이제는 추억의 한 페이지가 되었다.
　거대한 인습의 장벽으로 인해 나는 어머니가 살고 있는 곳이 지척인데도 박씨 집안에 떳떳하게 드나들 수 없었다. 장례식장에서 처음으로 아버지 다른 형제들을 상면했다. 박씨 댁 큰 아들은 나에게 '형님'이라고 말했다. 고마웠다.
　그렇게 무정한 세월은 칠십여 년이 훌쩍 지나갔다.
　어머니 연세 구십 육 세인데 백세를 못 채우고 이 세상과 인연이 다하여 영원히 돌아오지 못할 저 세상으로 떠나신 것이다.
　어머니의 기구하고 험난했던 인생처럼 돌아가시던 날부터 세찬 비가 억수로 쏟아지고 있다.

　사랑하는 나의 어머니!
　왕생극락하소서.

에필로그

수지지역 사회에 신협의 꽃을 피우다

나의 졸저인 이 책이 나올 수 있도록 배려해 준 이기찬 이사장께 감사한다.

사람이 세상에 태어날 때 산고를 겪는 것처럼 한 권의 책이 출간되어 빛을 보게 될 때도 여러 사람의 정성과 노력이 깃들게 마련이다.

도움말을 주신 임상호 이사장님께 감사드린다.

특히 편집 과정에서 짜임새 있게 목차를 기획하고 교정하며 글을 다듬어 주신 시인 정은기 님께 감사드린다.

수지신협 창설과정의 뒷얘기만으로는 페이지의 한계가 있어 나의 살아온 지난날을 회고하며 그중에서도 기록으로 남기고 싶은 나의 성장과정, 고향 얘기, 나의 문학, 용인시장으로 활동하던 이야기들을 글로 엮어 '자전적 에세이' 형식으로 책을 구성하게 되었다.

수지신협은 1997년 1월 22일 창립한 후 임직원 여러분의 헌신적 노력의 결실로 대형 신협으로 성장했다.

창립 당시 참여한 조합원 여러분과 임원 여러분이 없었다면 오늘의 수지신협은 존재할 수 없다고 볼 때 그분들께 다시 한 번 감사드린다.

열악한 환경에서 묵묵히 근무하며 초창기 급여를 제대로 받지 못하고 어려움을 이겨 낸 직원 여러분께 감사드린다.

수지신협 설립 과정에서 많은 도움말을 주신 전(前) 국회의원이시며 오산 시장을 지내신 박신원 님께 감사드린다.

"집을 사지 말고 이웃을 사라"는 말이 있다. 알게 모르게 나를 따뜻하게 도와주셨던 많은 사람들, 일일이 이름을 적지 못하지만 내 마음속에 남아있는 고마운 사람들께도 지면을 통해 감사한다.

눈이 오나 비가 오나 한결같은 마음으로 궂은일 마다하지 않고 내조해 온 아내 강석희와 변함없는 우정으로 친구의 성공을 도와준 죽마고우 이백현에게 이 책을 바친다.

끝으로 이 책이 나올 수 있도록 힘써 주신 출판사 관계자 여러분께 감사한다.

김학규